J'AI CHOISI DE ME BATTRE,
J'AI CHOISI DE GUÉRIR

DES MÊMES AUTEURS

Ouvrages de Claude Pinault

Le Syndrome du bocal
Buchet-Chastel, 2009 ; J'ai Lu, 2012

Le Laboratoire du bonheur, avec Audrey Akoun, Kevin Finel, Malek A. Boukerchi, Blaise de Lanlay, Jessica Hollender, Vincent Houha, Isabelle Pailleau, Joanna Quélen, Maud Simon, Solar, 2014

Ouvrages de Marie de Hennezel

L'Amour ultime : l'accompagnement des mourants
avec Johanne de Montigny, Hatier, 1991, LGF ;
Le Livre de Poche, 1997

La Mort intime
Ceux qui vont mourir nous apprennent à vivre
Robert Laffont, 1995 et 2001 ; Pocket, 1997

L'Art de mourir. Traditions religieuses et spiritualité humaniste face à la mort aujourd'hui, avec Jean-Yves Leloup
Robert Laffont, 1997 ; Pocket, 1999

Nous ne nous sommes pas dit au revoir
La dimension humaine du débat sur l'euthanasie
Robert Laffont, 2001 ; Pocket, 2002

Le Souci de l'autre
Robert Laffont, 2004
Prix « Livres et droits de l'homme »
de la Ville de Nancy, 2004

(*Suite en fin de volume)*

CLAUDE PINAULT
MARIE DE HENNEZEL

J'ai choisi de me battre, j'ai choisi de guérir

Entretiens

Robert Laffont | Versilio

ISBN : 978-2-221-14640-8

Préface
de Marie de Hennezel

Lorsque j'ai découvert, il y a quelques années, le livre de Claude Pinault *Le Syndrome du bocal*[1], j'ai été fascinée par le témoignage de cet homme, à qui un médecin avait annoncé qu'il resterait toute sa vie dans un fauteuil roulant, et qui a refusé ce sombre pronostic. J'ai dévoré son récit. La psychologue que je suis, toujours en quête des ressources insoupçonnées du corps[2], trouvait là matière à conforter sa confiance dans l'humain.

Le livre a eu son succès. Depuis, Claude Pinault ne cesse de recevoir des courriers de lecteurs lui demandant comment il a fait pour déjouer le pronostic, se remettre debout et mar-

1. Buchet-Chastel, 2009.
2. Marie de Hennezel, *Loin des doctrines, à l'écoute de l'âme*, Pocket, 2013.

cher à nouveau. Moi-même, j'ai souhaité en savoir plus. C'est cette curiosité qui est à l'origine de ce livre.

Nous savons tous que la nature humaine est fragile et qu'un jour ou l'autre nous pouvons être atteints par une maladie. Nous confions alors notre corps aux mains de la médecine, qui a fait d'immenses progrès mais reste une science inexacte, et c'est la seule manière, pensons-nous, de nous donner des chances de guérir. Nous déléguons massivement aux autres, perdant du même coup tout pouvoir sur nous-mêmes. Beaucoup d'entre nous, passifs dans le processus thérapeutique, deviennent extrêmement dépendants des médicaments. Comme si ce n'était pas notre affaire. Un livre récent[1] rend à la personne ce qui lui appartient, et qu'une médecine toute-puissante, technocentrée, avait fini par s'approprier, à savoir les ressources insoupçonnées du corps. Notre corps détient, en effet, des capacités inouïes, infiniment plus efficaces que nombre de

1. Frédéric Saldmann, *Le meilleur médicament, c'est vous !*, Albin Michel, 2013.

médicaments. Mais il détient aussi des capacités stupéfiantes de restauration, de régénération, lorsqu'il est aidé par la pensée, par ce qu'on appelle le « mental ». Ce livre est écrit par un médecin, le docteur Saldmann, qui reconnaît – et c'est une première dans l'édition – que le malade porte en lui les clés de sa guérison.

Il est rare qu'un médecin aujourd'hui ose dire aux malades : « Vous êtes votre meilleur médecin. » Il est courageux d'avancer publiquement que « le cerveau et le corps humain disposent en effet de pouvoirs très puissants, qui ne sont pratiquement jamais utilisés. Il suffit de les activer pour soigner efficacement un nombre considérable de symptômes et de maladies [...] Nous possédons au fond de nous nos propres médicaments pour nous soigner mais nous ne les utilisons pas. Nous sommes nos propres médecins mais nous ne le savons pas[1]. » Les lobbies pharmaceutiques regardent sans doute cette audace d'un mauvais œil.

Il est rare aussi qu'un malade témoigne publiquement de cette réappropriation de son corps.

1. *Ibid.*

Qu'il raconte à d'autres la manière dont il a essayé de participer activement à sa guérison, en utilisant les ressources de son esprit.

Je ne veux pas dire que peu le font, mais que peu osent le faire. Est-ce de la pudeur, est-ce trop intime ? N'est-ce pas surtout que le progrès scientifique et technique de la médecine a progressivement étouffé le mystère même du corps, de son fonctionnement étroit avec la pensée et l'esprit ?

Aujourd'hui, les neurosciences s'intéressent de plus en plus à ce lien entre le corps et l'esprit. Des expériences de méditation, de neurofeedback, ou à base d'effet placebo[1], ont démontré en labo-

1. Effet placebo : phénomène qui veut qu'un composé inerte, dénué de substance active, parvienne à engendrer des bénéfices thérapeutiques réels chez un patient.

En 2002, un neurologiste suédois a comparé, dans le cerveau, les effets d'un antalgique et d'un placebo. Tous les volontaires pensaient avoir reçu un opioïde dérivé de la morphine, mais certains n'ont reçu qu'un composé inactif. On leur a infligé ensuite un stimulus douloureux pendant qu'on scannait leur cerveau. Que les sujets aient été sous antalgiques ou qu'ils aient cru l'être, les mêmes zones du cerveau ont été activées et tous les patients ont déclaré n'avoir pas ressenti de douleurs. Bien d'autres expériences menées avec des antidépresseurs et des anxiolytiques ont montré l'efficacité de l'effet placebo, c'est-à-dire du *pouvoir de se convaincre.*

ratoire des effets thérapeutiques sur la douleur, le stress, les déficiences immunitaires ainsi que sur des maladies aussi graves que la dépression ou la maladie de Parkinson.

Un diplôme universitaire de médecine spécialisée en méditation et neurosciences a même été créé en février 2013 à Strasbourg.

Mais aux États-Unis, cela fait longtemps que les chercheurs explorent ces liens corps-esprit. Je me souviens d'un colloque à Montréal, il y a vingt ans, sur les processus de guérison. J'avais été surprise du nombre de communications scientifiques sur la force de la pensée et le pouvoir de conviction de l'esprit sur le corps. On sait aujourd'hui, depuis peu, que l'effet placebo fait produire au cerveau ses propres remèdes. Un placebo analgésique déclenche ainsi la production d'opioïdes dont l'action est similaire à la morphine.

Nous abordons dans ce livre d'entretien avec Claude Pinault le témoignage d'un homme atteint du syndrome de Guillain-Barré. Une maladie auto-immune, généralement consécutive à une infection virale, qui provoque un dérèglement immunitaire. Au lieu de défendre l'organisme, ce qui est normalement sa mission, le système immunitaire le prend pour cible et se retourne contre lui. Dans le cas du Guillain-Barré, il y a une erreur de « programmation ».

On pourrait dire les choses ainsi : le système immunitaire confond le virus avec la myéline des nerfs. Il va donc se mettre à détruire la gaine qui entoure les nerfs moteurs. Cette destruction entraîne une paralysie progressive des muscles, associée à des douleurs insupportables.

Dans la majorité des cas, la maladie est réversible au bout de quelques mois. Dans dix pour cent des cas, l'atteinte des muscles du diaphragme peut déclencher une asphyxie, ce qui nécessite une réanimation et peut entraîner la mort. Il arrive, bien que ce soit assez rare, que la destruction touche l'axone, c'est-à-dire le cœur du nerf. Si cette atteinte axonale est profonde, cela provoque une paralysie définitive des membres.

C'est cette dernière atteinte – une forme axonale sévère et atypique – qui a été diagnostiquée chez Claude Pinault, au bout de deux mois. Il était donc promis à une vie en fauteuil roulant.

Mais aujourd'hui, Claude est debout. Il marche. Dans son livre *Le Syndrome du bocal*, il raconte les dix-huit mois de sa maladie, ce qu'il a vécu, et surtout la manière dont il a réagi à la condamnation qui lui a été annoncée par un médecin : « Monsieur Pinault, quand y a plus de jus, y a plus de jus ! Vous ne remarcherez plus jamais ! »

Claude Pinault ne connaissait aucune des techniques alternatives à la mode de cette médecine par l'esprit. Mais, intuitivement, il a cherché à utiliser tous les leviers que l'on repère dans la méditation, la visualisation positive, l'hypnose ou l'effet placebo. Son témoignage est donc d'autant plus intéressant qu'il est celui d'un homme qui a découvert tout seul la manière d'aider son corps. Preuve supplémentaire des ressources de l'esprit humain, de sa liberté créatrice. Dans le cas de Claude, pas d'endoctrinement, pas de groupe sectaire derrière ce qu'il a pratiqué. C'est avec son bon sens, son énergie, son intelligence qu'il a trouvé ce qu'il appelle « les clés de [son] corps ».

Nous avons pensé qu'il serait utile de parler plus en détail, et avec le recul dont il dispose maintenant, de ce que Claude a mis en œuvre pour contrer ce funeste pronostic.

J'interroge donc Claude sur son état d'esprit, sa « méthode », qui, pensons-nous, sont susceptibles d'inspirer d'autres malades et de leur montrer le rôle que peuvent jouer la pensée et l'esprit. Bien des pronostics médicaux mettent les malades sur une pente défaitiste. On baisse alors les bras. On subit l'évolution de sa maladie, alors que dans une certaine mesure le meilleur médecin c'est le malade lui-même, son corps disposant de ressources que la science n'a pas encore pu clairement identifier.

M.H. : Claude, peux-tu en quelques mots nous raconter ce qui t'est arrivé ? Le début de ta maladie, jusqu'au diagnostic de Guillain-Barré ?

C.P. : Un matin, j'ai ressenti d'une manière parfaitement symétrique des fourmillements dans les deux mains. Au cours de la journée, la sensation s'est intensifiée et les fourmis ont gagné lentement mes pieds. J'ai eu très rapidement l'impression de marcher sur de petits cailloux ronds. En plus de ces sensations bizarres et impressionnantes, une grande fatigue et beaucoup d'inquiétude ont commencé à m'envahir. Un filet toxique me prenait dans ses mailles. Dans la nuit, lorsque je me suis levé, j'ai eu d'énormes difficultés pour relever mes pieds sans trébucher ; la paralysie gagnait progressivement mes jambes. Ensuite, au matin, tout s'est emballé très vite. Je suis tombé dans ma douche, ma femme a dû m'aider pour me sécher, pour m'habiller. Heureusement, la veille, une amie médecin avait craint la possibilité de ce syndrome de Guillain-Barré (SGB) et m'avait pris rendez-vous à la première heure pour consulter un neurologue. Mais dans la soirée, brusquement, mon état a empiré très rapidement et une perte de connaissance m'a propulsé directement vers le service de réanimation de l'hôpital d'Orléans pour un séjour de trois mois.

A commencé alors pour moi un long voyage au bout de l'enfer de plus de quatorze mois d'hospitalisation.

Un voyage tétraplégique en syndrome de Guillain-Barré…

M.H. : Dans le Guillain-Barré, il y a trois phases : une phase d'installation, une phase plateau et une phase de reconstruction ?

C.P. : Ce syndrome commence toujours par une phase d'installation. C'est la phase de destruction de la myéline des nerfs moteurs. Le système immunitaire se trompe d'adversaire.

Il identifie, à tort, la myéline du malade comme un intrus étranger et met tout en œuvre pour attaquer les nerfs comme s'il s'agissait d'un ennemi, d'un virus ou d'une infection. Cette destruction peut durer d'une journée à quatre semaines. Dans certains cas aigus (*aigu* indique la rapidité de l'attaque, mais pas forcément la gravité), on peut se paralyser du jour au lendemain. Il faut d'urgence une assistance respiratoire en pratiquant une trachéotomie. Le risque est vital. Le nerf qui commande le diaphragme se détruit, et l'étouffement survient brutalement. Sans myéline, l'influx nerveux ne peut plus circuler jusqu'à la terminaison des muscles, le mouvement ne va plus jusqu'au bout, et cela provoque des douleurs neurologiques épouvantables. La paralysie gagne progressivement tout le corps. La myéline se désagrège et altère graduellement les commandes du mouvement. On s'enfonce lentement vers la tétraplégie totale.

Pour rester dans une forme « classique » de Guillain-Barré, la phase d'installation de ce syndrome ne doit pas dépasser quatre semaines. Sinon – ce qui malheureusement a été mon cas –, cela devient alors une forme axonale atypique dont le pronostic est beaucoup plus réservé.

Ensuite arrive la phase « plateau ». Le corps comprend qu'il vient de faire une grosse erreur et la destruction s'arrête. L'état devient stationnaire. Cette phase peut durer de quelques jours à quelques semaines, voire plusieurs mois. Plus courte est la durée, meilleur sera le pronostic.

Enfin, il y a la troisième phase, dite « de reconstruction ». La myéline va lentement organiser sa repousse autour de l'axone. Cette repousse est très lente et le risque de séquelles est fonction de plusieurs facteurs, dont la durée de la phase d'installation, la durée de la phase plateau, ainsi que d'autres facteurs, comme l'âge du patient, etc. Il existe beaucoup de différences entre les cas. Il y a ceux qui évoluent très rapidement vers l'invalidité, mais dont la récupération est presque totale, et ceux qui évoluent lentement vers une destruction de l'axone. Ces derniers sont les plus graves et provoquent des lourdes séquelles dont environ dix pour cent des malades meurent.

M.H. : Ton Guillain-Barré fait partie des cas les plus graves ?

C.P. : Oui, ma phase d'installation a dépassé quatre semaines, et la phase plateau s'est, elle aussi, éternisée. Tout cela a duré plus de seize semaines et c'est un très mauvais pronostic. Le système immunitaire a complètement « dévoré » la myéline, et détruit le cœur du nerf qu'on appelle l'axone.

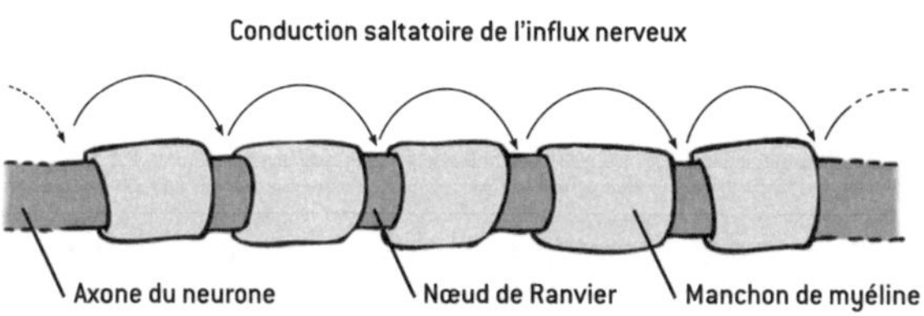

Schéma d'un nerf moteur

Or, quand l'axone est gravement touché, la myéline ne peut plus se reconstruire sur un câble détérioré. C'est comme si on voulait faire rouler un train sur un rail complètement endommagé : le train ne pourra plus circuler.

Les malades atteints par la forme axonale restent souvent paralysés à vie, ou gardent de très lourdes séquelles. Dans ce cas, le terme de « syndrome de Guillain-Barré » est impropre, j'ai souvenir qu'on l'appelle polyradiculonévrite démyélinisante subaiguë de forme axonale ; cette forme a été la mienne. Cela m'a permis d'apprendre à prononcer ces termes qui me font froid dans le dos. Ces cas sont rares et se rencontrent peu en cabinet médical. On les croise dans les centres de rééducation ou dans les lieux de vie dédiés au handicap. Là où une concentration de malheurs de destinée est réunie loin des valides.

M.H. : Tu avais aussi des douleurs insupportables...

C.P. : En effet, l'influx nerveux qui ne peut plus circuler à l'intérieur des nerfs moteurs se déverse dans les nerfs sensitifs. Les nerfs sensitifs, eux, ne sont pas détruits. Bien au contraire, ils sont en feu, excités, électrisés par cet influx nerveux qui déborde de toute part. Cela crée des douleurs neurologiques qu'on appelle paresthésies. J'avais l'impression d'être « bouffé » de l'intérieur par des crocs de chiens enragés, je subissais des attaques carnassières, mes os se brisaient en petits morceaux piquants. Les sensations étaient terribles : déchirures de mes chairs, brûlures profondes, décharges électriques violentes. Sans cesse, je sentais des aiguilles s'enfoncer dans ma colonne vertébrale. Mon influx nerveux se déchaînait et semblait tout dévaster. Mes mains étaient violacées, gonflées d'algodystrophies et broyées par des mâchoires effroyables. Mon corps se comprimait dans un sarcophage qui rétrécissait progressivement en m'étouffant lentement.

Je découvrais que le corps humain est une centrale électrique et chimique, qui peut orchestrer le bien comme le mal. Une découverte terrorisante.

M.H. : On ne te donnait pas d'antidouleurs ?

C.P. : Si, mais malheureusement il n'y avait pas grand-chose à prescrire contre les douleurs neurologiques. Les antalgiques classiques qu'on utilise habituellement, les paracétamol, codéine, etc., agissent très peu sur ce type de douleurs. On peut administrer de la morphine, mais son effet secondaire peut cacher une détresse respiratoire. On la réserve aux « trachéotomisés » car leur ventilation est assistée. Dans mon cas, la destruction du nerf du diaphragme était progressive, j'étais seulement sous « masque à oxygène » ; sous morphine, j'aurais pu étouffer. Pour m'éviter une « trachéo », et tant que j'arrivais à gérer mes douleurs, les médecins ont jugé bon de ne pas risquer cette détresse morphinique.

Alors, contraint et forcé, je me suis débrouillé seul, et j'ai échafaudé une méthode pour gérer l'inacceptable torture. On en reparlera plus tard.

M.H. : Tu t'es donc trouvé dans un état de paralysie progressive avec des douleurs extrêmement vives, jusqu'au jour où un médecin t'annonce que l'axone est détruit.

Pourtant, aujourd'hui tu marches, tu as repris une activité, tu es extrêmement actif, même s'il te reste quelques lourdes séquelles au niveau sensitif.

C.P. : Le « sachant » qui balance sa vérité absolue à tout prix m'a mis K.-O. couché sur mon brancard. Je trouve cela terrifiant, l'effet choc du pronostic de la blouse blanche :

« Monsieur Pinault, quand y a plus de jus, y a plus de jus ! Malheureusement il pourrait y avoir quinze kinés au-dessus de vous, vous ne remarcherez plus, votre axone est détruit », m'a-t-il simplement déclaré en se penchant magistralement du haut de son écran d'électromyogramme (EMG). En effet, pour connaître la gravité de l'atteinte, il faut pratiquer un EMG. Cela permet d'observer et de quantifier la destruction de la myéline et de l'axone des nerfs.

L'annonce que tout était foutu fut cauchemardesque.

Ma phase d'installation et ma phase plateau n'en finissaient pas. J'avais largement dépassé les délais fatidiques en réanimation.

Cela faisait trois mois interminables que j'étais pétrifié sur mon lit à air pulsé. Incapable de bouger, telle une tortue sur le dos qui essaie désespérément de se remettre sur le ventre. Un dégât profond dans la structure de mes nerfs était donc à craindre. On redoutait une atteinte axonale totale, mais fallait-il m'assener la nouvelle de cette manière sur mon brancard à roulettes ? Fallait-il ce diagnostic « coup de poing dans la gueule », alors que j'étouffais sous les douleurs, la paralysie et l'angoisse ?

M.H. : Tu as raison, Claude, de dénoncer la violence d'un pronostic assené sans aucune conscience des dégâts qu'il occasionne. L'annonce qu'il n'y a plus d'espoir est terrorisante.

La vérité à tout prix, quand elle est négative, c'est catastrophique. Cela peut condamner définitivement un malade. Mais je crois que tu as eu la chance de rencontrer un médecin qui t'a redonné espoir.

C.P. : Oui, le chef de la réanimation du CHR d'Orléans a tout de suite été averti du très mauvais résultat de mon EMG. Ce fut un choc pour beaucoup de monde. Pour moi, pour ma famille, pour le personnel soignant présent. Nous avions tous compris la sentence implacable. Et lui, cet homme – je dis bien cet homme plutôt que ce médecin –, est venu me voir et s'est assis au pied de mon lit en réanimation. Il m'a réconforté avec des mots simples : « La médecine, ce ne sont que des statistiques. J'ai vu des cas inexplicables, inexpliqués. J'ai vu des patients récupérer d'une manière imprévisible. Oubliez ce qu'on vient de vous dire, la forme axonale… tout ça… Montrez-nous ce que vous êtes capable de faire de votre maladie. »

Il a allumé une lueur d'espoir dans le noir du pronostic dans lequel un autre médecin venait de me plonger. Je crois que ses mots ont été déterminants. Ils m'ont donné la force de combattre.

M.H. : Un médecin te dit que c'est foutu et un autre médecin te laisse entendre que rien n'est jamais irrémédiablement perdu. Il insinue le doute dans l'irrémédiable. Et c'est ce qui t'a sauvé…

C.P. : Oui, j'ai compris que je pouvais choisir ce que je voulais entendre. Choisir ma manière de penser. Ça a été ma première clé pour guérir. Je me suis emparé de ce doute, à moi de faire prospérer le positif. J'ai décidé d'oublier tous les mauvais pronostics et de choisir la lueur d'espoir. Même infime.

M.H. : Il te dit : « Montrez-nous ce que vous êtes capable de faire de votre maladie », il doute, parce que, d'une certaine façon, il sait que le corps a peut-être des ressources que la médecine ignore. Tu as dit d'ailleurs, tout à l'heure : « Le corps comprend qu'il a fait une grosse erreur », et cette phrase montre que toi, tu as déjà le sentiment que ton corps est intelligent, que ton corps a des ressources qui échappent, au fond, à la médecine.

C.P. : Oui, c'était une intuition, très forte. J'ai choisi de décider de reprendre les clés de mon corps, les clés de ma guérison. Ça pouvait paraître fou, irrationnel, peu importe, ça m'était égal. Je me fichais de savoir si c'était l'énergie du désespoir ou non. Cette petite intuition imperceptible s'est installée au plus profond de mon âme. Une petite graine minuscule était semée. J'avais décidé de la faire grandir.

M.H. : C'était quoi, cette intuition ? L'intuition que tu pouvais t'en sortir ? En parlant avec toi, je me suis rendu compte que tu as un rapport très particulier à ton corps, un corps intelligent donc, un corps qui, peut-être, exprimait quelque chose à travers ce dysfonctionnement immunitaire. Est-ce que tu peux nous en dire un peu plus sur cette compréhension, relativement rare chez les malades, du fonctionnement immunitaire du corps ?

C.P. : Quand on m'a expliqué que c'était une maladie auto-immune, j'ai bien réalisé qu'il s'agissait d'un processus d'autodestruction. J'ai tout de suite imaginé le processus inverse. Si le corps peut s'autodétruire, je pourrais peut-être l'aider à se reconstruire, non ? Pourquoi pas... Le corps a commis une faute incommensurable, une erreur grossière : dès lors, je peux imaginer qu'il pourrait rattraper sa bêtise. Il a suffi qu'un médecin me le suggère, et je me suis senti capable de faire prospérer cette intuition. « Oui, probablement, tout est possible. Ou presque... »

Il y a un processus mental qui m'a toujours intrigué, c'est l'effet placebo. On te donne un médicament qui ne contient aucune molécule active. Toi, tu l'ignores, tout comme ton médecin, et curieusement tu pourrais guérir, comme ceux qui ont reçu le bon médicament. Et personne ne trouve ça si incroyable ?! Ces malades pensent avoir eu le bon médicament et hop ! ils guérissent... En fait, ils se sont guéris eux-mêmes, c'est cela l'explication. Le pouvoir de l'imagination déclenche un processus de sécrétions d'hormones. *S'imaginer guérir*. C'est le secret de ma deuxième clé.

Je me suis servi de cette faculté comme d'un effet placebo. J'ai décidé que j'allais me mettre en condition pour guérir. J'en aurais la volonté. J'ai choisi de guérir...

M.H. : Comment ? C'est seulement une question de volonté ?

C.P. : De la volonté, bien sûr il faut en avoir, mais ça ne suffit pas. En général, tout le monde a la volonté de guérir. Qui ne le veut pas ?

Il s'agit surtout de vouloir y croire et de s'en donner les moyens. S'imaginer guérir, c'est surtout *visualiser*, l'organiser mentalement dans son imagination.

La volonté n'est pas un miracle. Il ne suffit pas simplement de *vouloir* pour *obtenir*.

La déception au fil des jours risque de fragiliser l'effet positif de la volonté. Un cycle négatif se met en place. Le doute s'installe…

M.H. : Pour éviter cela, tu as utilisé une autre stratégie, instinctivement.

C.P. : J'ai imaginé ma guérison pas à pas. J'ai compris que remettre ce corps en mouvement serait une tâche colossale, presque inhumaine. Ma résurrection serait un marathon épuisant, comme l'escalade de la tour Eiffel pour un boiteux. Pour atteindre le sommet, même le meilleur des sportifs devra passer la première marche de l'escalier. Le sommet m'était inaccessible, mais une marche, l'une après l'autre, c'était dans l'ordre du possible.

Une seule marche, jamais la suivante. Une modeste et simple marche fut ma vision d'un début de succès possible. J'ai imaginé gravir ce marchepied, des heures durant.

Accomplir des progrès étape par étape.

Fractionner la tâche pour qu'elle ne soit pas décourageante.

C'est ainsi qu'allongé sur mon lit médicalisé, entre mes scopes et mes perfusions, mon esprit commandait de soulever mes jambes, mais aussi mes doigts, mes mains, mes bras, mon corps.

Step by step, j'imaginais ma progression.

M.H. : Tu peux nous donner un exemple de cette visualisation ?

C.P. : Je visualisais cet homme debout que je voulais redevenir. Je me voyais poser le pied droit devant le pied gauche, le pied gauche devant le pied droit, et ainsi de suite sans relâche, comme avant. Je m'observais marcher.

Je pratiquais la même gymnastique mentale pour les doigts de mes mains. Comme pour des marionnettes, j'activais des fils imaginaires dans mon cerveau. Un à un, je me concentrais sur des mouvements invisibles.

C'est monstrueux de perdre l'usage de ses mains. « La main, c'est le prolongement du cerveau » : cette phrase de Kant tourmentait mon âme blessée. La supériorité de l'homme sur l'animal, c'est le pouce opposable aux autres doigts. La création de l'outil main a été déterminante pour notre évolution. « Humain sans main ne l'est plus vraiment. » Quand on perd l'usage de ses mains, on devient dépendant pour tout. Pour se nourrir, pour son hygiène corporelle, vraiment pour tout. La dépendance aux autres, c'est violent, et souvent humiliant.

Mon cœur était affaibli, je n'avais plus de muscles fonctionnels, mon sang circulait difficilement, mes mains inertes étaient placées sur des orthèses de mousse surélevées pour faciliter le retour veineux. Je regardais ces pauvres extrémités, atrophiées, violacées. Que faire de ce corps inerte ? Que faire de ces mains impotentes ? J'ai entrepris un travail méthodique et laborieux de visualisation. D'abord le pouce, l'index... tous les doigts, un à un, systématiquement... Je les observais virtuellement en train de pianoter, caresser, écrire, serrer, écarter, bref, tout ce qu'on fait sans y penser. Je les rêvais actifs chaque jour. Chaque heure, chaque minute, je pourrais dire chaque seconde, je ne pensais plus qu'à une chose : le mouvement. Quand on est hospitalisé, le temps s'étire, inutile. Mes voisins de chambre regardaient la télévision. Moi, j'avais décidé de ne pas me laisser distraire par ces futilités. Je ne voulais pas dissiper ni gâcher mon énergie. Intimement, je savais que je devais travailler mentalement sans cesse, le temps m'était compté. Mon programme, c'était « Danse avec les mains... ». Je me concentrais en visualisant les connexions nerveuses jaillir du cerveau, puis circuler dans la moelle épinière, parcourir les nerfs jusqu'au point d'insertion de chaque muscle des doigts. Releveur, extenseur, écarteur, tout y passait. J'aurais pu réussir mon diplôme d'anatomie les yeux fermés.

Une folie ? Sans doute, ou plutôt une détermination folle.

M.H. : Revenons sur cette clé, la visualisation positive. Explique-nous d'où t'est venue cette technique, que tu n'avais pas apprise, mais que tu t'es en quelque sorte inventée.

C.P. : J'avais en mémoire une représentation schématique du cortex humain, l'« homonculus de Penfield », que j'avais étudié en fac de sciences.

C'est le schéma d'un bonhomme déformé par les dimensions qu'occupent les différentes zones d'activité du cerveau d'un être humain. Il possède des mains et une bouche énormes par rapport à son corps. Le nombre de neurones sollicités est proportionnel à l'importance des actions. Cela signifie que cette zone du cortex humain s'est développée d'une manière considérable. Grâce à la station debout, l'homme a eu la possibilité d'utiliser ses mains comme outil. Ces zones du cerveau se sont donc développées en conséquence. Dans mon état de tétraplégie installée, je craignais que cette zone se rétrécisse progressivement au profit des idées noires. J'ai voulu stopper ce processus éventuel. C'est pour cette raison que j'ai toujours visualisé mes doigts remuer, je me voyais lever les pieds, me déplacer sans arrêt. Bloqué sur mon lit, je parcourais virtuellement des centaines et des centaines de kilomètres. Ce fut une décision certes très empirique, mais déterminée.

Mes voyages immobiles, je les créais avant tout pour faire travailler mon cerveau. Mes mains étaient pétrifiées, congestionnées, mais je les imaginais toujours s'agiter. Si on visualise le mouvement, le mouvement s'effectue mieux. Plusieurs kinés m'avaient confirmé que c'était vrai. Par la suite, au lieu de rester passif durant les séances, j'accompagnais mentalement le kiné dans ses manipulations pour tenter de rétablir mes connexions *axonales*.

Autrefois, quand je pratiquais du sport, on s'exerçait, durant les entraînements, à visualiser le bon geste, pour acquérir le mouvement idéal. Au karaté, on visualise le kata pour que le geste parfait se moule dans la posture. Au ski, on imagine sa course, on anticipe les virages, on oriente le regard, et les jambes se coulent dans la trajectoire imaginée. Le corps s'inscrit dans le mouvement le plus juste. Il en est de même pour les autres sports de glisse, les sports de précision, à moto, en parapente. Et tant d'autres.

Tous ces entraînements me revenaient en mémoire. Ce sont toutes ces choses mises en pratique d'une manière intuitive que j'expérimentais pour ma reconstruction. Ainsi, ce petit « homonculus » m'a aidé à prendre conscience de l'importance de l'imagination active.

Bouge, imagine, rêve, voyage immobile sans arrêt, pour entretenir cette partie du cerveau dédiée au mouvement. Et surtout ne cède pas cet espace précieux aux idées noires.

Je me suis imaginé valide, pour ne laisser aucune place dans le cortex de l'homme figé.

M.H. : C'était donc ta troisième clé, après « choisir sa pensée », « s'imaginer guéri », « visualiser les étapes de cette guérison ». Mais s'agissait-il seulement de voir en images ? Ne s'agissait-il pas aussi de sentir ?

C.P. : « Il m'est égal de lire que les sables des plages sont chauds, je veux que mes pieds nus le

Homonculus de Penfield

sentent » : cette phrase de Gide caractérisait mes envies folles. Ma visualisation devait intégrer tous mes sens. Ainsi, je me représentais une petite crique en Catalogne que j'affectionne particulièrement. Je me passais ces images en boucle. Je ressentais la sensualité du sable qui crisse et épouse la plante des pieds à chaque pas. Je goûtais cette sensation des grains qui roulent et se bloquent, le bruit sec et humide du sable. Je respirais l'odeur de la mer à plein poumons.

J'appréciais la caresse chaude du soleil sur les pores de ma peau. Je me remémorais aussi les odeurs des herbes foulées par les pas, les effluves d'un chemin mouillé après la pluie. Toutes ces sensations agréables stimulaient mon imaginaire.

M.H. : C'était une sensation imaginaire, parce que en réalité tu ne sentais pas, tu imaginais que tu sentais...

C.P. : Je me fabriquais des films en technicolor avec odeurs, saveurs et bruitages. Toujours des films d'action. Je les créais intentionnellement avec réalisme. C'était comme des rêves éveillés. Je rêvais exclusivement de réveiller mon corps. Ces rêves me faisaient du bien, m'occupaient l'esprit. Cela m'évitait de m'apitoyer sur mon état.

M.H. : En t'écoutant, je pense à ce qu'écrit Merleau-Ponty dans *La Phénoménologie de la perception.* Il parle du « prolongement miraculeux du corps », de cette faculté de percevoir au-delà de soi, une faculté que l'on découvre lorsqu'on ne peut plus bouger, ni se déplacer.

C.P. : C'est le paradoxe de l'action immobile. Je cultivais cette perception du corps en mouvement. Quand on est privé du mouvement, c'est une frustration insupportable. Il est difficile d'imaginer la détresse de l'invalide. On ne se rend compte de l'importance des choses que lorsqu'on les perd. Peu de temps avant ce syndrome, j'avais lu *Le Scaphandre et le Papillon* et j'avais cru tout comprendre d'un homme tétraplégique. Quand je me suis retrouvé dans la situation de cet homme, j'ai réalisé que je n'avais rien compris de son malheur. On ne peut jamais se mettre à la place de l'autre. Dans *Le Livre de ma mère*, Albert Cohen le dit très bien quand il écrit : « Chaque homme est seul au monde et la douleur est une île déserte. »

Mais moi, j'avais la chance d'avoir ma moelle épinière intacte et de croire, parce qu'un médecin m'y avait encouragé, que ma neuropathie n'était pas définitive. Je ne voulais donc pas tomber dans la victimisation et prendre trop vite l'habit de l'infirme.

La seule chose que je voulais, c'était ressentir avec force les plaisirs simples, que jamais je n'avais savourés avec autant de gourmandise avant cette paralysie. Marcher. Tourner une page de livre. Caresser. Peindre. Bricoler. J'imaginais serrer mes enfants dans mes bras. Je me réchauffais des câlins de ma femme, j'effleurais de mes mains si légères sa peau douce. Je revivais cette sensation de densité humaine et d'amour. Des rêves éveillés, j'en faisais à profusion pour divertir mes douleurs. Les yeux grands ouverts, je transformais tout en érotisme, toute sensation imaginaire devenait sensuelle. Plus tôt, quand je te décrivais mes pas sur le sable ensoleillé, c'était presque un rêve charnel, dans lequel je peignais aussi des poitrines nues allongées sur le sable. J'en avais besoin et je ne m'interdisais rien. J'avais un tel désir des plaisirs dont j'étais privé que cela devenait obsessionnel. C'était à ce point intense qu'il m'était nécessaire de cultiver mes rêves sans cesse.

M.H. : C'était vraiment un parti pris de rester optimiste et positif. J'imagine, quand même, qu'il y a eu des moments difficiles ?

C.P. : Les premiers mois de colère et de révolte passés, il m'a fallu faire le bilan de mes ressentiments. Je n'allais pas rester en hargne contre la terre entière. Personne n'était responsable de mon état. À qui pourrais-je en vouloir ? J'ai eu l'intuition que cette colère froide allait se retourner contre moi. Je devais me débrouiller seul. Il m'appartenait de batailler et de trouver mes solutions.

La compassion des soignants et l'excès de sollicitude me renvoyaient à la gravité de ma maladie. Loin d'être un surhomme, je me sentais sombrer dans une forme de dépression.

Pour échapper à mes idées cafardeuses, j'avais pris l'habitude de faire défiler des scènes stimulantes à réinventer chaque jour. Les rires de mes enfants complices. Un concert de jazz sous les pins. Un p'tit coup de rosé frais à la lumière d'un coucher de soleil au bord de la plage. Peu importe le sujet, mais toujours une représentation d'imagerie positive.

Je remplissais l'espace de ma chambre blanche d'arcs-en-ciel réconfortants…

M.H. : Comme un entraînement physique, c'était un entraînement psychique ?

C.P. : J'ai calqué cet entraînement psychique sur ma pratique de sportif.

Je connaissais le dépassement de soi par l'exercice physique. J'avais expérimenté l'essoufflement, l'épuisement, la douleur musculaire, et la joie procurée par le corps dominé : ne jamais baisser les bras devant les difficultés, aller au-delà du renoncement pour progresser et s'inventer des stratégies pour réussir.

Je vais utiliser une autre comparaison : pour arrêter de fumer, si tu penses sans cesse aux plaisirs que t'apportait la cigarette, tu as peu de chances d'y arriver. En revanche, si tu imagines la nouvelle personne que tu aimerais devenir, celle à l'haleine fraîche, au teint clair, aux dents blanches, sans dépendance, tu es sur le chemin de la réussite. Pour aboutir, il me semble plus efficace de visualiser l'homme ou la femme en bonne santé que tu aimerais être, plutôt que de ressasser tes frustrations de fumeur.

Pour moi, se battre signifie s'entraîner, faire un effort mental, c'est un entraînement psychique. Dans un premier temps, je me suis lamenté sur mon sort. J'étais en colère, triste, puni, révolté. Parce que je ne pensais qu'à ma vie d'avant.

Ensuite, je suis sorti de la plainte en me faisant violence. Je me suis contraint à visualiser quotidiennement une métamorphose heureuse.

Se battre a été pour moi, avant tout, ne pas se laisser abattre.

M.H. : Tu as donc mis en place une stratégie de bonne humeur. Voilà la quatrième clé : privilégier la bonne humeur !

C.P. : Oui, ma gaieté, certes un peu artificielle, devait contaminer les soignants.

J'ai eu envie de m'intéresser à ce qui se passait dans le service. Ne plus rester patient. Devenir actif. Un sourire, une gentillesse lancée provoquait une ambiance chaleureuse. Je donnais l'exemple. Je tenais à ce qu'on entre dans ma chambre sans compassion ni indifférence, mais de bonne humeur. Il s'est institué un petit train du bonheur. Si j'entre dans le métro sourire aux lèvres, j'aurai plus de chances d'en recevoir à mon tour que si je fais la tête. Quand on poussait la porte de ma chambre, on se devait d'être enthousiaste. Sourire et gaieté devenaient le sésame pour entrer. Je me servais de ces modestes petits wagonnets chargés de vrais échanges pour positiver les longues journées.

J'ai eu la chance de côtoyer des équipes soignantes formidables qui ont joué le jeu avec humanité. Les attitudes positives, les mots bienveillants ont une importance colossale pour la guérison.

Les mots font sens. Quand une personne entrait, je la fixais droit dans les yeux en lui lançant avec bravade : « En mars, je marche. » Nous étions en automne, elle me répondait par un sourire, une gentillesse. Chacun savait bien qu'il y avait peu de chances que je remarche en mars. Mais peu importe, « En mars, je marche » sonnait bien dans ma tête, j'allais convaincre tout le monde. C'était désormais devenu comme un défi.

En fait je ne leur parlais pas, c'est à mon corps que je m'adressais.

M.H. : Cette incantation positive, « En mars, je marche », c'était un peu comme la méthode Coué, une méthode qui fonctionne dans certains cas, mais pas toujours, et qui est aussi critiquée ?

C.P. : Cette méthode est parfois critiquée. Surtout par les rationalistes dogmatiques. Ma méthodologie extrême pouvait être perçue comme pathologique. Bien plus tard, j'ai su que certains médecins ou kinés confiaient à ma femme qu'ils ne pouvaient pas cautionner mon attitude. Que mon incantation devenait pathétique. « Il va falloir qu'il admette que son axone est touché, enfin quoi… ! » « On ne peut pas lui mentir davantage. Il fait un déni. Il faut lui parler. Il faut qu'il révise ses espérances à la baisse. Il va finir par s'habituer, par accepter. Sinon il va sombrer. »

Moi, j'étais lucide, j'avais bien le temps d'être désespéré. Je n'étais pas pressé.

M.H. : En fait, cette foi, cet optimisme les dérangeaient ? Comme ils n'y croyaient pas, ils se sentaient en décalage…

C.P. : En exprimant « Attendez, on ne peut pas lui mentir », certains médecins ne voulaient pas participer à la mascarade. Ils avaient un dossier médical qui affirmait que j'avais une atteinte axonale totale, c'est ce qu'on appelle une forme AMAN (neuropathie anoxale motrice aiguë), avec les deux premières phases supérieures à douze semaines. Dans leur esprit, j'avais peu de chances de récupérer. Et leur mission était de me préparer au handicap futur. La culture médicale est, en général, de ne jamais laisser de faux espoirs aux malades, qui risqueraient un jour de reprocher aux soignants un excès d'optimisme. Tout cela est compréhensible.

Donc pas de vains espoirs, quitte à noircir le tableau...

La vérité dans sa cruauté me semble être contreproductive. Quelle que soit la pathologie, on a tout le temps de découvrir le désespoir et de s'y préparer.

Il me fallait une cinquième clé, j'ai voulu cultiver l'espoir avant tout. C'est ma manière d'appréhender les choses. En aucun cas je ne voulais être enfermé dans le tableau catégorique des graves séquelles.

J'ai lutté. Rebelle et teigneux, je voulais échapper au cadre qu'on m'avait attribué.

M.H. : Oui, on a tôt fait de mettre quelqu'un dans une catégorie et de se dire : « Voilà, c'est fini, c'est foutu ! » Ne pas accepter ta situation était la nier, et personne ne voulait entrer dans ce déni.

C.P. : Absolument. Je n'étais pas dans le déni de mon état présent, mais dans le déni de mon état de futur invalide. *Non, tout n'est pas joué, je ne suis pas certain de votre diagnostic.* C'est ce déni-là que je leur opposais. Ça peut sembler être une bravade idiote, bien sûr. C'était fou, mais je ne voulais même pas entendre parler d'irréversibilité. C'était comme ça ! « Je redeviendrai un homme debout. » Après, le reste, le détail de ma récupération, m'importait peu. Je remarcherais, en boitant peut-être, mais quelle importance ? Je voulais être debout et récupérer mes mains. Avoir des mains fonctionnelles, ça c'était primordial.

Certes, j'ai eu beaucoup de chance. Mais la chance, je lui ai donné un coup de pied aux fesses !

M.H. : Oui, justement, il y a beaucoup de gens qui ne peuvent pas, ou qui ne trouvent pas ce chemin-là…

C.P. : Pour trouver le chemin, il faut une part de chance, une part d'audace, une part de hasard. Pasteur expliquait que « la chance sourit aux esprits préparés ». Quand on est prêt à saisir sa chance, on se met en capacité d'appuyer sur le bon bouton pour activer le processus de guérison. Mais avant tout, il est important d'y croire.

Certains en doutent. Ils se répètent : « Moi, je n'ai jamais de chance. » Toutes les raisons sont bonnes pour ne pas croire en soi, ni à sa bonne étoile. Attention, les mots négatifs ont une action de démobilisation intérieure.

Je crois beaucoup à la chance. La chance, c'est l'art d'apprivoiser le hasard.

Il y a tellement d'occasions d'être heureux, tellement d'opportunités de trouver les bonnes personnes. Je préfère voir le verre à moitié plein, principalement parce qu'il n'est pas vide.

Si je regarde davantage le positif que le négatif, cela me donne la faculté d'oublier le mauvais. Nous avons tous la faculté d'oublier, mais il est tentant de ressasser le négatif. Cela devient une spirale infernale qui entraîne vers la déprime. Il est bon de se remémorer le passé, quand les souvenirs sont des ancrages positifs de moments heureux. On a la possibilité de décider de sa vie. Cela peut paraître brutal, mais oui, on peut choisir.

Choisir, c'est renoncer. Renoncer à ressasser ce qui gâche la vie.

M.H. : Donne-nous un exemple de ta manière de prendre le positif, quand tu étais paralysé dans ton lit.

C.P. : Je gardais une petite lumière d'espoir dans la nuit de ma tétraplégie. Ce petit éclat brillait faiblement. C'était à moi d'entretenir la flamme.

Je vais te donner un exemple qui pourrait paraître futile : durant cet entretien, le soleil nous réchauffe la peau, cette sensation me renvoie à ma chambre d'hôpital. Ne pouvant choisir mon exposition au soleil quand les rayons traversaient ma vitre, je demandais à retirer un peu les draps pour profiter de cette sensation douce sur ma peau. Perclus de douleur et engourdi, je profitais de ce petit bonheur artificiel. J'accueillais cette chaleur sur mon corps avec extase. Ce rayonnement me remplissait d'énergie et envahissait tout mon être d'une nouvelle vitalité. J'irriguais mentalement ce flux dans mon corps.

Je te le confie aujourd'hui, et ça me fait sourire moi-même, car je suis plutôt quelqu'un de rationnel. Je promenais mentalement le soleil bienfaisant dans mon corps souffrant, immobile, pour puiser des forces. L'énergie du soleil pénétrait ma peau et allait me soigner. Que cela ait agi ou pas, ce n'est pas très important, l'essentiel consistait à saisir le positif de toute chose, quel qu'il soit. Mon quotidien n'étant que souffrance, cela mettait du baume sur mes plaies.

Je savais que je devais faire grandir cette petite graine d'espoir, l'exposer au soleil, l'alimenter, l'arroser, l'entretenir constamment.

« Battez-vous, montrez-nous ce que vous êtes capable de faire » : c'était *la* graine.

Il fallait que j'en prenne soin.

M.H. : Quand le médecin t'a dit : « Montrez-nous ce que vous êtes capable de faire de votre maladie », c'est une parole qui t'a touché. Au fond, elle fait appel à ta capacité à te faire confiance. D'où te vient cette confiance ?

C.P. : J'ai eu plusieurs accidents de vie. On m'a diagnostiqué un cancer de la thyroïde il y a quinze ans. Déjà, pour m'aider à guérir, j'avais visualisé le traitement thérapeutique. Hospitalisé dans une chambre plombée à Villejuif, après avoir avalé la pilule d'iode 131 radioactive, j'ai visualisé son parcours à travers mon corps, je l'ai escortée dans mes artères, dans mes veines. Je l'accompagnais dans tous les replis de mes chairs. Comme si je voulais en booster l'effet thérapeutique. Je m'irradiais de sa brûlure bénéfique. Je la suivais mentalement jusqu'au bout de mes ongles pour lui montrer la voie et lui dire : « Vas-y, aide-moi, va partout, brûle tout.

Toi mon corps, bats-toi, profite de cette armée en renfort. »

C'est curieux, non ? Serais-je un peu fou ? Cette démarche n'est pas très rationnelle, j'en conviens. J'avais choisi d'exacerber l'effet placebo, et d'appliquer une forme d'autohypnose pour m'aider à guérir…

Ce qu'il est important de garder en tête, c'est que l'on peut faire beaucoup pour soi. On peut aider la médecine, par le propre médecin que nous sommes. Par intuition.

M.H. : Bien sûr, tu t'es aidé toi-même, mais cette confiance, cette chance, elles ont été aidées aussi par les autres, j'imagine. À commencer par le médecin qui a eu cette parole positive. Il t'a ouvert un chemin, mais sur ce chemin tu as été accompagné… Qu'est-ce qui t'a fait du bien dans l'attitude des autres ?

C.P. : J'ai fait le tri et je crois avoir choisi les bons réflexes pour m'entraîner. J'avais bien compris que mon état était grave. Je le constatais dans l'expression de certains soignants. Un patient inquiet est aux aguets et détecte les mauvaises nouvelles : un sourire pas très franc, une compassion artificielle… Et la phrase type, trompeusement rassurante : « Ne vous inquiétez pas », ne fait pas illusion très longtemps. Tout sonne faux.

Progressivement, j'ai cessé de donner trop d'importance à ces mauvais signaux. J'ai demandé à ne plus avoir de visites qui parasitaient mon énergie. Seule ma famille proche était présente. Je rechargeais mes batteries grâce à son soutien apaisant, sans mots inutiles. Je concentrais mon écoute sur le personnel soignant positif. De nombreux kinés, et certains médecins. Progressivement, je les ai emmenés avec moi. Ils ont cru à ma foi profonde, à ma possible récupération.

Et un jour, la plus belle érection de ma vie fut celle de mon petit doigt : mon index gauche venait de se dresser !

Ce fut une révolution dans les couloirs… Tout le personnel soignant est accouru : « Montrez-nous, faites-le bouger, c'est incroyable ! » Je renouvelais l'expérience devant les infirmières bouche bée, les yeux brillants d'émotion. Nous étions tous émus devant la « chose » qui reprenait vie. Ce fut le début du chemin de l'espoir.

Mais la route a été longue et semée d'embûches. La récupération était extrêmement lente. Cependant, tous s'accommodaient des maigres progrès accomplis. C'était tellement extraordinaire, à leurs yeux, qu'il fallait que je sois patient. Ne pas vouloir aller trop vite. Ne pas brûler les étapes.

Jusqu'au jour où cet excès de bienveillance s'est retourné lentement et d'une manière pernicieuse contre ma rééducation. Mon environnement médical et familial pensait que c'était déjà formidable ce que j'accomplissais. Pas moi !

À tout moment, l'amélioration pouvait s'arrêter. Il fallait que je progresse vite, au risque de m'épuiser. Eux voulaient me protéger de moi-même.

Par ailleurs, je devenais leur objet handicapé à chérir. Ma famille, mes enfants, mes parents, mes beaux-parents, tout le monde me bichonnait. Et cependant trop d'amour tuait l'amour.

Comment expliquer que la prévenance excessive puisse aussi enfermer dans sa dépendance ?

M.H. : Au fond, cette sollicitude ne t'aidait pas...

C.P. : Elle ne m'aidait plus. J'étouffais de trop d'attentions. Trop, c'était trop, et je ne pouvais pas l'exprimer. Afin de soulager le service hospitalier, me donner à manger prenait beaucoup de temps, ma famille venait aux heures des repas, en alternance. Ma vieille maman me nourrissait à la cuillère, ma belle-mère me cuisinait des tomates farcies, mon père me faisait boire maladroitement, ma femme me donnait des bouchées de pain, un cycle était institué...

Mais le degré ultime de l'infantilisation était atteint. Or, que reprocher devant tant de gentillesse et de sacrifices ? On m'assistait pour tout. Moi, je souffrais que l'on m'attache une serviette autour du cou, que l'on m'essuie la nourriture au coin des lèvres. J'en pleurais de désespoir quand ils repartaient. Quelle ingratitude ! J'avais touché mes limites. Contre l'avis général, j'ai alors demandé à changer de centre de rééducation. Je devais m'éloigner de ma famille, du confort et des facilités dont je disposais. Cela a beaucoup interrogé mon environnement, y compris le personnel soignant. Personne ne comprenait : « Pourtant, on s'occupe bien de toi, on ne peut pas faire plus, qu'est-ce qu'on fait de mal ? »

Rien. Mais ils m'enterraient vivant sous des tonnes de sentiments. Moi, je voulais combattre seul, sans commisération. Je devais puiser ailleurs d'autres ressources. J'avais besoin d'être confronté au monde du handicap, de me surpasser dans l'adversité.

Le sport m'avait appris qu'on pouvait se dépasser dans l'épreuve. *Aide-toi, le ciel t'aidera.*

M.H. : Donc tu as fait le choix d'une certaine solitude, pour pouvoir justement ramasser toutes tes forces.

C.P. : Petit à petit, je sentais mon statut de handicapé officiel prendre forme dans l'esprit de mes proches. Certes, j'avais un environnement formidable. J'étais sûr que beaucoup de personnes pousseraient mon fauteuil roulant avec gentillesse, mais ce n'était pas ce que je désirais. Je voulais concentrer toute mon énergie pour combattre tout seul. Enfermé dans cette position confortable, je ramollissais. J'ai dû ferrailler pendant plus d'un mois pour obtenir un transfert dans un autre centre, loin de chez moi. Ma femme a compris ma détresse. Elle a mis tout en œuvre pour m'obtenir une place au centre de l'Arche, près du Mans. Elle savait combien j'avais besoin d'indépendance pour batailler. Je voulais devenir le plus combatif des handicapés, ailleurs. Je ne voulais plus rester le pire des invalides, ici.

Je ne remettais pas en cause les compétences de chacun, je recherchais un nouvel objectif, un autre défi.

Quand je suis arrivé à l'Arche, le choc fut brutal. Il n'y avait que des handicapés lourds. Comme un miroir, ils me renvoyaient mon état. J'arrivais ici pour entreprendre le marathon de la rééducation, pour passer aux choses sérieuses, et l'interne qui m'accueillit m'opposa sa surprise et sa réserve...

« Que venez-vous faire ici, loin de chez vous ? » En gros : qu'allez-vous faire de mieux qu'à Orléans ?

« Je veux me remettre debout rapidement.

— J'ai votre dossier sous les yeux, c'est déjà extraordinaire ce que vous faites, ne pensez pas récupérer beaucoup plus. On va vous aider à vous adapter à votre future vie. L'ergothérapeute va vous apprendre à faire des transferts en fauteuil roulant. On va vous appareiller avec des releveurs et des orthèses ergonomiques, ainsi vous allez devenir le plus autonome possible. »

Et là encore, deuxième annonce « coup de poing dans la gueule ».

Moi, je n'étais pas venu me faire appareiller, je venais combattre !

M.H. : Tu étais devant un médecin qui, à la lecture de ton dossier, ne comprenait pas que tu puisses rêver davantage.

C.P. : Tout à fait. Cette annonce m'a littéralement cassé. Les jours suivants, j'ai enfin rencontré le chef de service, le docteur Gay, qui, après une écoute attentive, n'a pas fermé les portes de l'espoir.

Il a compris que j'avais besoin d'entendre que beaucoup de choses étaient possibles. « On va voir… on va vous aider… »

Tu ne peux pas savoir comme cet homme, derrière sa blouse blanche, a été important pour moi.

M.H. : Qu'avait-il de différent des autres, ce docteur Gay ?

C.P. : Une écoute humble d'être humain, et de la mesure dans ses propos. Jamais d'affirmation définitive. Il observait, écoutait et rassurait. D'emblée, je lui ai expliqué que je voulais bouger, que je voulais me mettre debout. Il a dû se dire : *Difficile, mais pourquoi pas. S'il en a la volonté, on va l'accompagner et l'aider…*

M.H. : À l'époque, pour la rééducation d'un cas de Guillain-Barré, les médecins préconisaient de ne pas trop faire de rééducation active, de ne pas fatiguer le système nerveux. Ils pensaient que cela pouvait nuire à la récupération neurologique, que c'était contre-productif.

C.P. : Oui, et il arrivait, dans certains centres, que l'on plâtre le membre d'un malade qui le sollicitait trop ! C'est ce qu'un chef de service d'un établissement réputé a préconisé à ma femme pour me dissuader d'une rééducation trop intensive.

La norme de la rééducation, c'était une heure de kiné le matin, une heure l'après-midi ; le reste du temps, repos, avec remise au lit, télé, ou salle de détente.

M.H. : Toi, tu sentais d'une manière intuitive et instinctive, car tu as été très sportif, qu'il fallait au contraire faire de l'exercice, stimuler ton système nerveux.

C.P. : Oui, je le sentais intimement. Je demandais aux « charioteurs » de m'emmener dans la salle de rééducation en plus des heures programmées. Il y avait des appareils de musculation à commande têtière. Sans l'aide de quiconque, je complétais ma rééducation, seul, à l'abri du regard des kinés. Je soulevais des tonnes de grammes en cachette, gramme par gramme. Un jour, je me suis fait surprendre.

« Qu'est-ce que tu fais là, Claude ? Retourne dans ta chambre, tu ne dois pas venir ici tout seul. Tu transpires, tu es tout blanc, tu peux faire un malaise ! »

J'ai appris, par la suite, que le docteur Gay avait réuni le service de kinésithérapie et le staff. « On ne peut pas l'attacher sur son lit. Puisqu'il veut travailler davantage, laissons-le expérimenter. Nous verrons ce que cela va donner. »

M.H. : On sent bien que, pour arriver à ton objectif, tu as fait le tri entre les bonnes et les mauvaises nouvelles, entre les personnes positives et les personnes toxiques. Je crois que ce tri est aussi une des clés de ta guérison.

C.P. : Je faisais le tri des bonnes personnes autant que possible. Un médecin me condamnait à une vie en fauteuil, ou un interne m'affirmait que j'avais atteint mes limites de récupération, je choisissais d'oublier leur avis négatif. Au contraire, le patron de la réa me lançait : « Montrez-nous ce que vous êtes capable de faire de votre maladie », je me récitais en boucle ces mots positifs, magiques. Je me suis évertué à consolider mes choix. Quand le docteur Wolf, responsable de la post-réa, me dispensait chaque matin son optimisme sérieux, je me hissais sur son assurance. Il savait trouver la bonne attitude et je m'en saisissais pour consolider mes forces et mes espoirs. Durant la maladie, j'ai eu affaire à des centaines d'aides-soignants, des centaines d'infirmiers, des médecins par dizaines. Tous sont différents. J'ai découvert le monde du personnel soignant et je les ai aimés. J'ai croisé des personnes étonnantes de présence, d'humanité, qui m'ont apporté bien au-delà du « prendre soin ». Ils sont en très grande majorité. Certes, quelques-uns, par leur maladresse, peuvent occasionner parfois une forme de maltraitance. S'ils avaient eu la possibilité de connaître la méthodologie de soin de l'« humanitude[1] », ils auraient eu l'occasion d'évoluer vers un changement global de comportement.

1. Méthode de soins mise au point par Yves Gineste et Rosette Marescotti.

Le regard devrait s'échanger face à face, les yeux dans les yeux, à hauteur du visage. La parole devrait annoncer et expliquer chaque geste. Il faudrait transformer le « toucher utilitaire » en « toucher tendresse », dans le sens noble du terme. La verticalité est l'une des caractéristiques qui nous distingue des animaux, d'où l'importance de lever la personne et de limiter la toilette effectuée au lit, sinon les patients ne quittent plus leur matelas. J'ai connu des soignants formés à ces principes. J'ai eu la chance d'apprécier Yves Gineste et Rosette Marescotti pour leur démarche attachante, qui m'a conforté dans les bienfaits du « prendre soin ». La mise en œuvre de ces préceptes de l'« humanitude » permet une meilleure écoute et une amélioration des soins, à condition d'agir en fonction des situations et des personnes. Lorsqu'une personne est handicapée, elle est fragilisée et nécessite beaucoup plus de petites attentions, de gestes chaleureux, de paroles réconfortantes, de vrais regards. Tétraplégique, on n'a plus que sa tête pour penser, ses yeux pour regarder, sa bouche pour s'exprimer, ses oreilles pour entendre. Le reste ne sert plus à grand-chose, sinon à l'organique.

M.H. : Tu es donc resté vigilant sur tes soins, et la manière d'aborder ton traitement t'a permis de demeurer actif durant ta longue hospitalisation.

C.P. : J'étais en hypervigilance. Rien ne m'échappait. Je suivais avec attention les procédures de soins, d'hygiène, de médicamentation. Je relevais des erreurs, des manquements, des améliorations d'organisation à mettre en œuvre.

Par exemple : j'avais observé qu'il était plus rapide de me doucher en chariot adapté (14 à 16 minutes) plutôt que de me faire la toilette au lit (16 à 18 minutes) qui respectait la norme ISO 2006 d'hygiène (séparation du souillé et du propre, avec gants, rinçage, etc.).

À cause du roulement du personnel soignant, il me fallut un mois pour convaincre, les unes après les autres, chaque aide-soignante, et enfin la cadre infirmière afin qu'elle obtienne de la direction la possibilité d'une douche quotidienne pour mon cas.

Mêmes difficultés pour obtenir dès 6 h 30, et en premier, la piqûre de lovenox (l'anticoagulant des paralysés) pour être prêt à 9 heures précises en salle de mobilisation. Il fallut réunir un conseil de discipline avec la direction de l'établissement, la cadre infirmière et tout le staff, pour les persuader du bien-fondé de ma demande d'enchaîner prise de sang, toilette, soins, relevé des constantes, petit déjeuner, mise en chariot habillé, et ne pas rater ma séance de kiné passive de 9 heures. Les soins mieux organisés, j'étais enfin à l'heure pour ces mobilisations indispensables pour ne pas laisser s'enraidir mes articulations.

À force de persuasion et d'arguments, j'arrivais peu à peu à adapter l'organisation de façon que tout le monde soit gagnant. Cette remise en question a été bénéfique pour tous.

Mon corps était passif, mes pensées très actives. Je m'évertuais à oublier les signaux négatifs et je me créais volontairement des sensations agréables.

J'ai donc alimenté ma fabrique personnelle à hormones positives ; sérotonines, ocytocines, endorphines, dopamines : toutes ces bonnes choses en « ine », j'en ai usé et abusé. Je l'ai su après.

Ainsi, tout comme le bénéfice du soleil sur ma peau, je me servais d'un sourire, ou d'effluves de parfum pour me vivifier. Je m'appropriais ces instants fugitifs avec ravissement.

Je pouvais même me distraire avec une poitrine fantasmée. Je mettais de la sensualité et de l'érotisme dans des situations qui ont pu surprendre. Il n'y avait pas de perversion dans mon intention. Je m'inventais des figurines de rêve, des œuvres d'art, des Bacon ou des Botero, ces femmes étaient mes modèles de l'instant... J'agrémentais ma vie.

C'était une contribution complémentaire pour m'évader dans l'imaginaire, pour divertir la triste réalité de mon quotidien.

Pendant ce naufrage du corps, moi, j'avais mal à l'homme.

M.H. : C'est important que tu nous rappelles que ceux qui ont un handicap restent des hommes et des femmes à part entière, des êtres de désir.

C.P. : C'est un thème embarrassant pour beaucoup.

Derrière le handicap, on ne voit pas l'homme ou la femme qui, comme tout être humain, a droit à une vie affective et sexuelle ; ne pas l'envisager, c'est déshumaniser davantage la personne en situation de handicap.

Dans le film *Intouchables*, le personnage joué par François Cluzet se fait « caresser » l'oreille, sa seule zone érogène, par une travailleuse du sexe. Dans la salle, le public rit, sourit. Gêne ou malaise ? Est-ce vraiment si comique ? Le propos n'est qu'effleuré, pourrais-je dire...

Ayant côtoyé différentes souffrances, j'ai souhaité approfondir cette question dans mon livre.

Une nuit, une pensionnaire appareillée d'orthèses entre dans ma chambre avec convoitise. Elle est avant tout une femme à part entière, même sans ses jambes. Séduisante, elle veut me charmer. Paralysé, je ne peux m'y opposer.

En décrivant cette scène inattendue qui pourrait paraître érotique, troublante ou poétique, selon son point de vue, j'ai voulu attirer l'attention des valides sur un propos encore tabou en France : la sexualité dans le handicap.

En racontant ce « viol », il me paraissait important de mettre en lumière le drame de l'immobilité, de la paralysie, d'une manière différente. Aller jusqu'au bout du désir est rare dans le monde du handicap.

Subir les autres est plutôt la condition première.

J'étais toujours à la merci des autres. De leur désir ou de leur indifférence. Vulnérable, cloué au lit, désarmé. Mon corps aurait aimé être séducteur, mais il ne l'était plus à mes yeux. Mes hormones ne pouvaient que hurler silencieusement.

Ainsi, j'ai craint une femme, comme j'ai redouté un incendie dans la tranquillité de la nuit. Qui viendrait me libérer dans ma chambre tout au bout du long couloir… ?

On imagine mal ce que signifie réellement la tétraplégie. Désir et sexualité chez les handicapés, véritable sujet.

M.H. : Tu as utilisé beaucoup d'humour et d'autodérision pour parler de ce qui t'était arrivé, mais aussi durant ton hospitalisation.

C.P. : Quand on est dans l'autodérision, on n'est pas dans la victimisation.

Durant ces « récréations » de bonne humeur, je n'étais plus le handicapé ou le « pauvre petit monsieur ». Il fallait que je m'évade sans cesse de la prison de mon corps. Parler d'autre chose avec légèreté ou humour. Je me traitais moi-même de légume. Pour un fils de maraîcher, être métamorphosé en courgette sensible promettait un destin cocasse.

Ces petites choses pouvaient paraître dérisoires, mais je plaisantais et me détournais ainsi du statut de handicapé. Être un valide cabossé dans un corps souffrant était le statut qui me convenait mieux.

Je maniais l'humour pour dédramatiser. Et le sourire pour éviter d'en pleurer.

M.H. : Comment réagissais-tu face à une infirmière que tu sentais toxique, des personnes qui pouvaient te donner l'impression que tu n'arriverais pas là où tu voulais aller, des personnes qui, au fond, n'y croyaient pas ?

C.P. : J'ai choisi de ne pas attacher trop d'importance à ce qu'elles disaient ou pensaient. Récemment j'ai lu *L'Oubli et ses vertus* du psychiatre Simon-Daniel Kipman, qui écrit qu'on peut considérer qu'il y a des limites à ce qu'on appelle le devoir de mémoire. Les vertus de l'oubli aident à se reconstruire autrement. C'est bien ce que j'ai fait intuitivement. Je laissais glisser. Ça ne devait pas s'imprimer en moi. D'ailleurs, j'avais réussi à oublier le fameux « quand y a plus de jus, y a plus de jus ». Alors je me nourrissais des moindres signes d'espoir.

L'espoir aide. L'espoir est une semence. Il faut l'arroser chaque jour. Il faut exagérer le positif et s'en convaincre. C'est de la méthode Coué, dont on a parlé.

Je veux, donc je peux : j'ai cette croyance en moi. Je pressentais que, pour dépasser un mur de difficultés, il fallait que j'aille au-delà. Quand il est trop haut à gravir, la solution peut être de le contourner. Il y a toujours des chemins de traverse. Il me faut trouver une astuce, un moyen.

J'ai constaté que derrière un obstacle nous attend souvent une surprise.

Je ne peux pas rester passif devant des murs subjectifs.

J'aime oser l'« inosable ».

M.H. : Je crois aussi que tu as fait tout un travail, une introspection, sur le pourquoi de cette maladie. Et pourquoi cela t'était arrivé à toi, ce que cela pouvait signifier dans ton histoire… Je ne parle pas seulement de ces exercices très actifs de voir, de sentir en permanence, mais aussi de cette réflexion plus psychologique pour essayer de comprendre. D'une certaine façon, tu pensais que ça n'arrivait pas par hasard et que ça devait avoir un sens.

C.P. : Bien sûr, cela a un sens, mais après il est toujours facile de réinterpréter ce qui est arrivé. Cependant ça vaut le coup de le prendre en compte, non ? Il y a plusieurs pistes. D'abord le Guillain-Barré est une maladie auto-immune, il n'y a pas d'explication scientifique sur ce phénomène. Pourquoi le corps se retourne-t-il contre lui-même ?

Je pense qu'il y a sans doute une piste psychologique. Peut-être un choc, un traumatisme ?

Dans mon cas, je devais me faire poser une prothèse de hanche. Opération presque banale, sans problème majeur a priori. J'ai subi beaucoup d'opérations et passer sur le billard n'a jamais été un souci pour moi. Or, pour la prothèse de hanche, je tergiversais. Inconsciemment, pour des raisons familiales et psychologiques, je retardais l'opération depuis des années. Ma grand-mère, qui m'a en partie élevé, s'est fait renverser par une voiture. Le lendemain, un dimanche matin, un interne a décidé en urgence de l'amputer. Elle s'est réveillée infirme. Elle est morte de détresse à l'hôpital, quelques semaines après. Tout cela n'est pas net dans ma mémoire, ce fut comme un secret de famille. J'avais plus de 20 ans, étudiant à l'étranger, loin de ma famille, je n'ai pas tout su, mais c'est ce que j'en ai retenu. Ma grand-mère est morte après l'amputation de sa jambe...

Depuis, pour moi, cette opération représente une mutilation. Symboliquement, on tape dans le dur, dans l'os qu'on coupe, c'est une « castration ».

Alors que tout le monde me raconte que cette intervention n'est rien, que l'on me cite des exemples de personnes âgées qui se sont fait opérer et qui courent comme des lapins, moi je redoute cette opération parce qu'elle est liée à la mort de ma grand-mère. J'avais fini par admettre qu'il fallait que j'y passe, et c'était enfin programmé... quinze jours après la survenue du Guillain-Barré. Comme un acte manqué, la maladie m'en a empêché. Aujourd'hui je ne suis toujours pas opéré, et je vis avec ces vieilles douleurs. Je gère mon arthrose de la hanche avec philosophie...

M.H. : Claude, il y a un aspect de ta maladie dont nous avons peu parlé tout à l'heure, ce sont ces douleurs extrêmement vives, qui ne pouvaient pas être soulagées dans ton cas par la morphine... Comment as-tu fait pour les supporter ?

C.P. : J'ai dû lâcher prise. J'ai eu plusieurs phases dans la gestion de mes douleurs. Au début elles me torturaient et je ne savais pas les combattre. Je suppliais les infirmières pour obtenir des antalgiques, de la morphine, je m'épuisais dans la souffrance. Puis j'ai développé une phase d'acceptation de celles-ci. Je me suis relaxé mentalement. Au lieu de lutter contre, j'ai lutté avec. Je m'imaginais que je faisais la planche. J'imaginais mon corps comme un tronc d'arbre abandonné aux flots tumultueux de la douleur. Ce torrent de boue charriait mon corps endolori, je m'étouffais, je me cognais sur les rochers des rives. J'avais compris que, soit je me débattais et je buvais des tasses de souffrance de plus en plus violentes, soit j'acceptais en faisant la planche et j'admettais d'être secoué de toutes parts. Je lâchais prise. Je me laissais aller, pour accepter l'inacceptable.

Mon corps l'exprimait dans son abandon, il m'imposait l'immobilité. J'étais figé, mais mon cerveau restait agile dans l'imaginaire. Accepter l'affrontement, au lieu de lutter contre, m'économisait de l'énergie. Je me mettais en conscience externe de mon corps. Je me regardais souffrir de l'extérieur pour mieux vaincre ces douleurs à l'intérieur. Mon cerveau planait au-dessus, la perception me semblait moins vive. J'étais spectateur de moi-même, cela m'aidait à tolérer ce déluge de souffrances. En réanimation, je geignais en rythme avec ma respiration. À chaque « expir », j'accompagnais ma douleur avec un râle léger. Ce rythme endormait la violence des assauts, comme un tam-tam peut mettre en transe avec ses *boum-boum* lancinants.

Voilà, j'ai fait comme j'ai pu. J'ai inventé cette méthode, que je renouvelais chaque nuit au plus fort des attaques.

M.H. : C'est étrange parce que, au fond, tu as inventé toi-même le chemin de techniques très anciennes, que l'on retrouve par exemple dans le yoga mental, en sophrologie aussi, et tu n'en avais aucune notion préalable ?

C.P. : En effet, j'ai créé cette méthode d'une manière intuitive. Et c'est peut-être pour cela qu'elle a fonctionné. *Ils ne savaient pas que c'était impossible, c'est pour cela qu'ils l'ont fait.* J'aime bien cet aphorisme de Mark Twain.

Je n'ai pas essayé de me couler dans un moule préappris, je l'ai expérimenté moi-même, j'étais dans l'action. C'était l'énergie de la survie.

Je connaissais bien le dépassement de la douleur dans l'entraînement physique. J'ai fait des sports de combat, du karaté, de l'aïkido. Avec le karaté, on utilise sa force, on essaie de rentrer dans l'adversaire. Avec l'aïkido, c'est l'inverse, on utilise la force de l'adversaire pour le vaincre. C'est cette méthode que j'ai utilisée. Puisque j'avais affaire à plus fort que moi – la douleur –, j'ai utilisé sa force pour tenter de la vaincre.

Dans les hôpitaux, pour évaluer la douleur on utilise une échelle graduée de 0 à 10. C'est le patient qui l'évalue : entre 0, pas de douleur, et 10, douleur maximale (au bord de l'évanouissement). Moi, je voguais entre 7 et 8, et mes phases maximales pouvaient aller jusqu'à 9. Ensuite, à 10, les infirmières m'expliquaient que j'avais sombré.

Le corps est bien fait. Quand il y a trop de souffrance, *clac*, un fusible saute. Je tombais dans l'inconscience quelques minutes.

M.H. : Ta manière de gérer ta douleur, c'était donc d'être avec les nerfs douloureux, d'être à leur côté, tu restais maître de ton corps.

C.P. : J'avais l'impression d'habiter un corps étranger dont je n'avais plus les commandes. Par la gestion de mes douleurs, je reprenais possession de moi-même. En conscience externe, je gérais la situation, et cette prétendue maîtrise me redonnait une force pour continuer. Je retrouvais provisoirement les clés de mon corps. Vouloir contrôler et rester maître de la situation est un trait de mon caractère qui, dans ces moments-là, m'aidait à survivre. J'étais attentif à tout, et ma tête demeurait la tour de contrôle de mes oripeaux.

M.H. : Parmi les personnes qui ont lu ton témoignage, certaines sont malades ou ont un handicap qu'elles garderont sans doute toute leur vie. À ceux qui se disent : « Moi je me suis battu et pourtant ça n'a pas changé, je suis toujours aussi handicapé », que peux-tu répondre ?

C.P. : Effectivement, j'entends souvent dire cela. On ne peut pas toujours comparer les pathologies. Chaque cas est particulier. Bien évidemment, j'ai eu la chance d'avoir une maladie avec une possibilité de réversibilité. Il est évident que quelqu'un qui a eu un accident de vie ou une maladie irréversible n'a pas le même choix.

M.H. : Comme la sclérose latérale amyotrophique.

C.P. : Exactement ; je pose toujours ces réserves. Il n'existe pas de baguette magique qu'il suffit d'agiter pour guérir. Et surtout, il ne s'agit pas de se culpabiliser parce qu'on n'a pas, ou mal, fait les choses. Cependant, j'ai vu des malades de Guillain-Barré qui ne se sont pas *battus*, ou peut-être ont-ils mieux accepté le handicap que moi. Mon exemple est là, mais ce n'est que mon histoire.

Qu'est-ce qu'on met derrière le terme *se battre*, d'ailleurs ? On peut malheureusement se battre contre un moulin à vent, en tapant là où il ne faut pas. J'ai vu des malades qui disaient *se battre* alors qu'ils pensaient simplement guérir en restant au lit, à regarder la télé, et distraire leur rééducation.

Pour ma part, me battre signifiait combattre, en faisant de la rééducation, en multipliant les stimulations les plus diverses. Visualiser sans arrêt mon « moi futur ». J'ai cru intimement dans le verbe *croire*. Je me visualisais toujours actif, jamais handicapé. Avant de pouvoir courir un marathon, il faut avoir la volonté de suivre l'entraînement du premier kilomètre. Il est obligatoire de muscler ses jambes, de fortifier son cœur, sa respiration. J'ai entrepris la rééducation de cette manière. Il en est de même pour penser positivement, il faut entraîner son mental chaque jour. J'ai travaillé ma concentration sur mes mains, sur mes pieds. J'ai pensé marcher, refaire tous les gestes banals de la vie quotidienne, dans les méandres de mes neurones. Pour moi c'était cela, *se battre*. J'ai utilisé toutes les clés que je t'ai décrites. Y croire, toujours y croire, même sans résultat : se mettre en condition et persévérer.

M.H. : Les gens ne sont pas égaux dans leur capacité d'effort, de persévérance dans l'action surtout, de résilience. Cela varie en fonction du caractère, de l'histoire de chacun. Tout le monde n'est pas équipé de la même manière. Je pense cependant que ton expérience peut amener bon nombre de lecteurs à remettre en question leur attitude face à la maladie et au handicap. À reconsidérer l'influence de la pensée sur le corps.

Mais revenons sur ce que tu as évoqué au tout début, lorsque tu expliques que, au fond, cette confiance dans la vie, cette façon d'aller au-delà de la difficulté, cette force, c'est une intuition qui s'est forgée dès l'enfance. Tu as dit : « Je me suis relevé d'accidents de vie… Si on veut, on peut. » Alors j'aimerais que tu développes un peu cette idée, parce que nos lecteurs auront besoin de savoir d'où vient ton attitude vis-à-vis de la vie, qui est de ne pas se laisser abattre, de surmonter, de se dépasser.

C.P. : Je pense que cette croyance s'est ancrée dans ma vie quand j'avais quatre ans. Je me suis senti coupable de la disparition brutale de ma petite sœur. J'ai eu la sensation confuse de sa mort dans mes bras. Puis une perception étrange de l'attitude des adultes à mon encontre. Atmosphère chargée de compassion, d'accusation, de tristesse mêlée de colère, dans la pénombre d'un mystère sordide d'où la vérité ne sortira jamais. C'est sans doute ce qui a déterminé mon parcours de vie d'enfant.

Un lourd secret de famille, que les adultes se sont évertués à me cacher.

Du jour au lendemain, je me suis retrouvé seul, sans ma petite sœur, sans ma mère. J'ai été élevé chez mes grands-parents. J'ai des souvenirs de déchirements de douleur que je ne comprends pas. Que s'est-il passé ? Je suis coupable de quelque chose que j'ignore. Quel est ce secret ? Je ne suis pas digne de confiance pour que l'on ne me parle pas avec des mots réconfortants, pour que l'on ne m'explique pas l'absence de Ninie. Dans cette immense tristesse familiale et cet abandon injustifié, je me suis senti floué et honteux. Indigne d'amour. Avec le temps, le petit garçon que j'étais s'est forgé une croyance : on ne peut faire confiance à personne, même à ses proches, même à des gens aimants.

Ma grand-mère que j'adorais était murée dans le silence et les larmes. Ma mère avait disparu, torturée de douleur par la perte de sa petite fille.

À toutes mes questions s'opposait une muraille de pleurs. Ai-je fait quelque chose de grave ? Comment prouver qu'ils se trompent, qu'ils ont tort de ne pas me faire confiance. Je suis innocent.

Il y a quinze ans, par hasard, j'ai rencontré, installée sur un banc, une petite mamie de 90 ans. Elle égrenait ses derniers jours en regardant les pigeons picorer à ses pieds. Je me suis arrêté, intrigué par la ressemblance. C'était bien Blanche, l'amie de ma grand-mère, l'ouvrière agricole qui l'aidait au jardin. Elle avait été témoin du drame familial de mon enfance. Elle s'était également occupée de moi, quand ma mère avait disparu dans son chagrin.

Pendant un mois, je suis allé partager avec elle une collation et mon passé. Comme si elle m'attendait, avant de s'éteindre définitivement. Elle a eu le temps de m'éclairer sur ma peine d'enfant, mon incompréhension, et ma recherche constante, pendant plus de quatre ans, de ma petite sœur disparue. Blanche, elle aussi, avait reçu la consigne de ne rien me dire. Simplement celle de me faire oublier son existence. Parfois elle m'observait en cachette. Inlassablement, dans la terre labourée de mon grand-père, j'enterrerais et je déterrerais son petit peigne bleu que j'avais réussi à subtiliser. Je parlais à ce « porte-bonheur » : « Où es-tu, ma Ninie ? Je veux jouer avec toi. Tu reviendras quand ? Dis ? »

Alors Blanche détournait ma peine avec des larmes dans les mots, me prenait par la main pour aller donner à manger aux poules et aux lapins au fond du jardin de mes grands-parents, à côté du vieux cimetière Saint-Marceau, là où, quarante ans plus tard, j'appris qu'elle était enterrée.

Ainsi, au fil des jours, Blanche me révélait l'histoire de ma vie. Le dur labeur dans les champs de mes parents maraîchers. Pendant leur travail, ma petite sœur et moi restions installés dans un petit parc d'enfants en bois dans notre maisonnette. Seuls.

Un jour, Ninie s'éteignit peu à peu dans mes bras sans que je m'en aperçoive, d'une maladie d'enfant, une forme de toxicose.

Derrière les barreaux de notre petit parc, me restait le souvenir des hurlements de douleur de notre mère. Des cris comme des coups de fouet claquèrent dans ma cage devenue vide.

L'incompréhension. Plus de sœur. Ni mère ni père. Et le silence des sanglots.

Mes souvenirs se sont reconstruits avec le temps, mais toute ma vérité s'est cristallisée dans ce contexte.

M.H. : Tu nous confies là un souvenir très intime. Cette enfance baignée d'un sentiment confus de culpabilité. Tu as connu une forme de solitude, d'abandon, même si tu étais entouré d'amour. Il y avait trop de non-dits. Tu te sentais à l'écart de quelque chose. Une telle solitude aurait pu engendrer une dépression, mais chez toi, c'est un sursaut qui s'est produit. Tu t'es dit : *Je vais m'en sortir*. Et tu t'es sans doute forgé cette force, ce caractère de ne pas se laisser abattre et d'essayer de forcer le destin en quelque sorte.

C.P. : Ce choc psychologique a orienté mon destin. D'abord il fallait que je prouve que je n'étais pas coupable, que j'étais digne de confiance. Je me suis construit dans le scientifique, dans le rationnel. J'ai besoin de preuves indubitables. Si on avance quelque chose sans preuve sérieuse, je doute, je suis même parfois intransigeant, c'est mon gros défaut. Pour moi, avancer les choses sans en être sûr est grave. Cela devient un mensonge, cela pourrait engendrer une interprétation, un bruit, une rumeur, une condamnation. Je crains l'erreur judiciaire.

Quand un médecin m'affirme « Tu ne marcheras plus », je m'interroge. « Qu'est-ce que tu en sais ? Tu as des preuves ? »

Et puis, j'ai appris à dépasser mes peurs. Même tout seul, il suffisait que je me lance des défis. Que je réussisse ou que j'échoue, il fallait que je fasse bonne figure. Je suis devenu un enfant à la fois fragile et dur aux coups. Un petit colosse aux pieds d'argile. Tu sais, comme ces enfants qui fanfaronnent « même pas mal » quand on les frappe ! Les larmes aux yeux, mais les poings serrés.

Je me suis réfugié dans la lecture de livres d'aventures et je me jetais des défis d'invulnérabilité. Je voulais éprouver mon invincibilité.

Ce furent des défis d'enfant, puis des défis d'ado, enfin et parfois des sports extrêmes. Sûrement pour me sentir vivant, pour être quelqu'un d'intéressant, et pour attirer l'attention des autres. De mes parents ? Sans doute.

Progressivement, dans les différents sports que je pratiquais, et même si je ne me sentais pas forcément bon, je constatais qu'en m'entraînant suffisamment, je dépassais mes espérances.

M.H. : Oui, c'est ça qui est intéressant, tu as réagi en te disant : *Je me sens extrêmement seul mais je vais essayer d'aller au-delà, de pousser mes capacités le plus loin possible. Peut-être pour me prouver aussi que j'ai le droit de vivre, alors que ma petite sœur, elle, n'a pas vécu.* Peux-tu me parler de ces choix que tu as faits dans ton adolescence, pour te prouver que tu ne te laissais pas abattre et que tu étais finalement constamment dans des défis ? Peux-tu donner quelques exemples, justement, sur le plan sportif ?

C.P. : Bien avant les défis sportifs, je bravais la mort. Je me souviens des jeux d'enfant. Je franchissais la fenêtre de ma chambre en m'accrochant au volet. Ainsi suspendu dans le vide par les mains, d'un coup de pied je me balançais en faisant pivoter le volet sur ses gonds. Du mur à la fenêtre, de la fenêtre au mur. C'était fou, je savais que mes mains pouvaient glisser, que les gonds pouvaient céder, mais je voulais être plus fort que tout. Chez des voisins, il y avait un grand hangar agricole et je sautais par-dessus des fils électriques pour atterrir dans un champ fraîchement labouré avec, comme parachute, un parapluie. C'était stupide et dangereux, mes copains me défiaient, ça déclenchait en moi un désir de surpassement. Je relevais le défi. J'existais.

M.H. : Quand on veut, on peut.

C.P. : Quand on veut, on peut, oui. J'ai cette croyance depuis l'enfance. Près de chez mes parents coulait une rivière, le Loiret, une résurgence de la Loire. Du haut d'un pont, voulant braver la nature, je sautais à pieds joints dans des trous d'eau tourbillonnante qui m'attiraient. Ils étaient de diamètre très étroit, dangereux, il fallait viser juste. « Oui, je peux le faire. » Était-ce pour prouver aux autres que j'en étais capable ? Ou plus certainement à moi-même.

Ensuite il y a eu les sports de défi, judo, karaté ou sports extrêmes. Dès que les premiers sauts à l'élastique sont apparus, il a fallu que j'essaie. La boule au ventre au début, mais l'impression de se jeter dans le vide est une sensation de contrôle sur la peur assez inouïe à vivre. Puis vient la maîtrise du geste. Tout comme le parapente, la chute libre, des combes à dévaler en ski hors piste ou en surf des neiges. Il y a très longtemps…

M.H. : Tu as fait des marathons.

C.P. : Oui, mais je ne le faisais pas pour la performance. Je n'aurais jamais été vraiment compétitif, je n'avais pas le bon profil pour ça. Pas assez fin, trop musclé, trop lourd. Un ancien rugbyman n'a pas vraiment la silhouette d'un marathonien. Mais c'était un défi de participer à un marathon. Quarante-deux kilomètres de course, était-ce possible pour moi ? Oui, tout est possible. Je crois fermement que tout le monde est capable de faire un marathon, sauf problème de santé. Ceux qui prétendent ne pas en être capables se trompent. Comme ils le croient, cela devient réalité, et cela les empêche ou leur évite de s'entraîner. Les barrières les plus infranchissables, ce sont nous-mêmes qui nous les posons. Un jour, en direct sur un plateau de télévision, j'ai été interviewé par Sophie Davant. « Alors maintenant, vous ne pouvez plus ni courir, ni faire du vélo ? » J'ai pensé qu'elle avait raison. Je m'apprêtais à répondre « Non, en effet », mais je me suis tourné vers le psychiatre Juan-David Nasio, assis à mes côtés. J'ai alors réalisé que si j'exprimais ce « non », il serait entériné, définitif. J'ai donc répondu spontanément : « Si, je vais même m'entraîner dès la semaine prochaine. » Plus tard, j'ai réussi à faire le tour de l'île d'Yeu à vélo, non sans difficultés bien sûr.

J'étais avec des amis, je n'ai pas voulu me dérober. Dans quel état ai-je terminé ? Je ne me souviens plus, ce n'est pas très important, sans doute avec mal aux fesses et une grande fatigue, mais je l'ai fait.

J'ai toujours en tête la citation de Sénèque : « Ce n'est pas parce que les choses sont difficiles que nous n'osons pas, c'est parce que nous n'osons pas qu'elles sont difficiles. » Celle-ci est ancrée en moi profondément.

M.H. : Au bout de cinq mois, alors qu'un médecin t'avait dit que tu ne remarcherais plus et que ton dossier médical faisait état d'une atteinte axonale totale, un jour, tu as pu remuer un doigt. Et puis progressivement, mais ça s'est étalé sur plusieurs mois, tu as retrouvé la mobilité de tout ton corps. Évidemment, ça met en cause le diagnostic qui a été posé d'atteinte axonale totale, car dans ce cas les malades restent handicapés à vie. Comment les médecins ont-ils réagi, quand ils ont vu que tu commençais à bouger ?

C.P. : Il y a plusieurs catégories de médecins. J'ai eu la chance de tomber sur des médecins pragmatiques. On ne peut pas inventer ce qui s'est passé. Le dossier médical faisait bien état d'une atteinte subaiguë axonale totale, avec des phases d'extensions supérieures à quinze semaines. Je faisais donc partie des vingt pour cent de cas de Guillain-Barré atteints sévèrement. Alors, l'axone peut-il repousser ? Oui, dans une certaine mesure, mais pas entièrement… Les médecins restent vagues à ce sujet. Ils constatent, c'est tout, mais ne savent pas expliquer. Moi non plus. Tout ce que je sais, c'est que j'avais la sensation énorme que l'axone repoussait. Pourquoi la pensée, le mental n'auraient-ils pas une influence sur le corps ? Ma volonté de bouger était incommensurable !

M.H. : Alors les médecins n'ont pas eu la curiosité ou l'envie de comprendre ce qui s'était passé ?

C.P. : De comprendre, si. Mais comment comprendre sans voir, sans observer, sans faire des biopsies ou des IRM en continu ? Impossible d'expliquer la repousse d'une manière certaine. On ne sait pas pourquoi le système immunitaire se dérègle subitement. On ne sait pas pourquoi, à un moment donné, une phase plateau arrive, suivie d'une phase de reconstruction. Il n'y a que des descriptions cliniques et des statistiques. Les statistiques affirment que si la phase d'installation dépasse quatre semaines, la phase plateau douze semaines, et que l'axone est détruit, les séquelles seront lourdes. La seule vérité est qu'on ne sait pas tout.

M.H. : Les médecins ont donc admis que l'axone s'était reconstitué.

C.P. : Oui, mais comme cela est très troublant, la discussion porte sur la quantité et la longueur de la destruction de l'axone. Certains sont revenus un petit peu en arrière, en émettant l'hypothèse que l'axone n'avait finalement pas été détruit en totalité.

M.H. : Il restait peut-être des petits bouts ?

C.P. : Oui : comme cela heurtait leur logique, ils se sont dit qu'il devait rester des petits bouts d'axone. Mais l'important n'est pas là, je crois, car on ne le saura jamais. Le plus important, c'est le constat : mon corps a bien réussi à réparer l'axone, puisque la myéline s'est reconstituée autour. On regarde, on constate, on admet.

Il y a des internautes qui ont déliré sur mon cas et m'ont demandé si j'avais « vu la lumière ». Voilà le danger, on ne peut pas dire tout et n'importe quoi. Non, je n'ai pas « vu la lumière », ou si la lumière existait, elle était intérieure et je l'ai utilisée pour me donner de l'énergie. Car l'énergie, oui, j'en avais. Le fait de bouger et de faire des exercices a peut-être débloqué les choses. Je ne pourrai jamais le démontrer, mais il est facile de le constater.

M.H. : Les médecins, m'as-tu dit, t'ont demandé de témoigner de ce que tu avais fait, pour aider d'autres patients. C'est tout de même une forme de reconnaissance du pouvoir du mental sur le corps, non ?

C.P. : Oui : par exemple, dans le service de neurologie au centre de l'Arche, on parle de mon cas, de ce que j'ai expérimenté. À savoir beaucoup de séances de « kiné » d'une manière intensive, jusqu'à épuisement, et toujours d'une manière opiniâtre. Alors qu'en 2005, dans un autre centre de rééducation, le chef de service affirmait qu'il ne fallait surtout pas fatiguer le système nerveux. Le protocole de soins a évolué. Je crois qu'on ne plâtre plus un patient trop actif. Les procédures ont changé : si quelqu'un veut pratiquer de la kiné supplémentaire, et volontaire, aujourd'hui c'est toléré.

Au vu de mon dossier et de cette atteinte sévérissime, j'ai été invité plusieurs fois par des neurologues et par d'autres spécialistes – oncologues, rééducateurs ou médecins généralistes – pour faire partager mon expérience au cours de conférences-débats dans leurs services.

Il y a beaucoup à apprendre des maladies auto-immunes et des différentes pistes pour en sortir.

Si « le mal a dit », il est peut-être bien d'y prêter une oreille...

M.H. : Mais les médecins se sont-ils intéressés à cette visualisation que tu as faite ? Est-ce qu'ils s'y sont intéressés en se disant qu'il y avait peut-être quelque chose d'important à explorer ?

C.P. : Oui, bien sûr, certaines personnes du corps médical, mais pas toutes, parce qu'il ne faudrait pas tomber dans l'ésotérisme simpliste. J'ai été en contact avec des patients croyant trop rapidement aux miracles. Mais pour autant, ce que je pense avoir réussi est dur à prouver d'une manière médicale certifiée. Pour valider un protocole médical, il est indispensable de passer par une étude expérimentale. Faire des tests en double aveugle. Comment peut-on procéder, avec ce syndrome ? Il faudrait deux « Pinault » avec le même degré de gravité d'atteinte. Un qui expérimente, comme moi, visualisation, récupération sans relâche et toutes les clés dont on vient de parler, et son jumeau qui se laisserait aller aux idées noires en attendant passivement une repousse axonale hypothétique, devant sa télé branchée jour et nuit.

Aujourd'hui, plusieurs amis médecins pensent que mon attitude atypique durant ma maladie a eu un effet dynamique sur ma guérison. S'il n'y a pas eu de miracle, il y a eu un effet « booster » incontestable. Certains me racontent que je les ai bluffés, mais je suis loin d'être le seul dans ce cas. D'ailleurs, ils le constatent dans leurs spécialités respectives. Ils savent que l'attitude d'un malade change beaucoup de choses dans l'évolution de certaines maladies. Si le patient est volontaire, s'il s'approprie sa guérison, il est plus simple à soigner qu'un malade passif, en retrait, et qui ne participe pas activement à sa guérison.

M.H. : T'a-t-on expliqué pourquoi ? Et ce qui se passe sur le plan physiologique ?

C.P. : Lorsque j'ai reçu le prix « Paroles de patients » pour mon livre *Le Syndrome du bocal*, un chercheur de l'Inserm, qui m'a lu, m'a dit : « Vous avez vraiment eu une atteinte axonale totale ? » Il semblait avoir du mal à y croire. On en a discuté un peu au cours d'une soirée. Il m'a expliqué le rôle de l'humeur positive sur la sécrétion des hormones de plaisir. Ces hormones déclenchent des fabrications d'enzymes qui renforcent le système immunitaire. Pour illustrer son propos, il m'a raconté une expérience : dans un laboratoire, on a inoculé à des souris quelques cellules cancéreuses. Puis on a administré à différents échantillonnages des cocktails d'hormones de synthèse dites « hormones du bonheur » : dopamine, ocytocine, mélatonine, etc. On a constaté que certains lots de souris avaient réussi à vaincre les cellules cancéreuses avec la prise de ces simples hormones.

Ce qui tend à prouver que certaines hormones peuvent renforcer le système immunitaire, qui va aider le corps à mieux combattre. Nous sommes de vraies usines électriques et chimiques. C'est un peu le cas des amoureux. Quand tout va bien, on est heureux et le risque d'être malade est moindre. Au contraire, les gens dépressifs fabriquent trop d'adrénaline négative, qui crée davantage de maladies.

Tout le monde admet qu'être négatif et anxieux, malheureux ou apathique, provoque des maladies psychosomatiques. Cependant, imaginer qu'une guérison puisse être psychosomatique est plus difficile à prouver. Or, si on constate que l'énergie psychique d'une personne peut agir négativement, il faut bien admettre aussi qu'elle peut de la même façon agir positivement. À l'effet nocebo correspond son effet opposé, le placebo.

La difficulté, c'est qu'il est beaucoup plus dur d'être positif dans la durée. Il y a tant d'occasions d'être négatif, tous les jours. La télé, les radios, les journaux, matin, midi et soir, les guerres, les attentats, les faits divers sordides nous sont ressassés. On peut y ajouter la malbouffe, le réchauffement de la planète, les dealers... La liste est longue. Le tableau du malheur peut se remplir sans arrêt. Il suffit de manquer de réussite, d'amour, d'argent, de nouvel iPad, de soleil et autres frustrations, et de se répéter que tout va mal. C'est parfait pour le stress, pour la déprime. Nous sommes devenus des réceptacles à catastrophes. Des serpillières à malheur.

M.H. : Cela ne veut pas dire qu'il faille se désintéresser du monde qui nous environne.

C.P. : Non, cela veut dire qu'il faut charger davantage le plateau des bonnes choses.

C'est ce que j'essaie de faire. Quand il pleut, pourquoi se lamenter, ça sent si bon l'herbe mouillée ! J'ai mal aux jambes, et alors ? Mes jambes fonctionnent et je marche. J'en connais tellement qui échangeraient volontiers mes jambes douloureuses contre leur fauteuil. Les choses simples peuvent devenir extraordinaires, en changeant notre regard. Stop, les plaintes.

Apprenons exagérément à devenir des éponges à bonheur.

C'est bon pour la santé, cela entretient la sécrétion des hormones bénéfiques. Nous sommes des fabricants de ces hormones.

Plutôt que de se plaindre pour tout, si on se réjouissait des choses simples à portée de main ? C'est très simpliste, je sais. C'est le sketch de Dany Boon : « Je vais bien, tout va bien. »

Et alors ? L'émerveillement est à la portée de chacun : c'est gratuit.

M.H. : Claude, une dernière question me vient. T'es-tu appuyé seulement sur toi, sur tes propres forces ? N'as-tu pas demandé de l'aide aux « forces de l'esprit » ? Beaucoup de gens, dans ta situation, prieraient, demanderaient une protection invisible. Dieu, un saint patron, un ange, un grand-parent décédé… ou une aide venant de l'au-delà ?

C.P. : De culture catholique, je n'ai pas de « foi » dans le sens littéral du terme, je suis plutôt dans l'interrogation entretenue. Je doute des certitudes. Je me fie à l'espoir. Je crois plutôt en une force intérieure. Je crois en l'être humain. Mais si je n'ai pas la foi, j'ai de l'espérance.

Pourquoi sommes-nous là ? Est-ce le hasard et la nécessité ? Que se cache-t-il derrière ce grand mystère de la vie ?

Il y a environ quatorze milliards d'années, une soupe de particules gigantesque s'est mise en expansion. Dix milliards d'années plus tard, grâce aux lois des quatre forces fondamentales de la nature, la terre est apparue pour créer progressivement ce que nous sommes aujourd'hui. Y aurait-il un dieu, une force, un esprit, qui ait eu l'idée et la capacité d'agencer cette complexité infinie de l'univers ?

Je ne peux pas répondre à cela. On observe des centaines de milliards d'étoiles dans notre galaxie, la Voie lactée. Il existe quelques centaines de milliards d'autres galaxies dans l'univers. Ce qui fait environ cent mille milliards de milliards d'étoiles contenues dans une petite tête d'épingle juste avant l'explosion du big bang. 10^{23}, c'est précisément le chiffre ahurissant de la totalité des grains de sable sur la surface de la terre… Pour se faire une idée plus précise, seulement un million de grains de sable tiennent dans la paume de ma main.

Cela me fascine, sans me fournir de réponse. Je me questionne et médite.

Dans mon combat personnel, j'ai préféré m'appuyer sur cette force intérieure objective, plutôt que sur une aide spirituelle dont je ne connais pas grand-chose.

C'est aussi peut-être une forme de foi, ou de croyance, mais avant tout d'espérance dont je maîtrise mieux la forme, qui m'ont permis de me ressourcer pour renaître du bocal de mon corps.

M.H. : Claude, nous arrivons à la fin de cet entretien. Nous avons longuement échangé sur tout ce que tu as fait pour contrer le pronostic négatif de ta maladie, pour reprendre les clés de ton corps. Le résultat est là. On t'avait annoncé un avenir en fauteuil roulant et tu es debout.

Tu n'as pas beaucoup communiqué sur la stratégie que tu as adoptée pour te relever, tellement heureux de t'en être sorti, contre vents et marées ! Les lecteurs de ton livre *Le Syndrome du bocal* t'ont écrit pour te témoigner leur étonnement et leur émerveillement, et pour te demander comment tu avais fait. Cet afflux de demandes d'explications, venant du monde entier, t'a énormément surpris. Les médecins eux-mêmes t'ont encouragé à témoigner. Il y a tant d'incertitudes autour de ce syndrome de Guillain-Barré ! Tant de choses qu'on ne sait pas sur les rapports entre la pensée et le corps.

Nous avons donc décidé de faire ce petit livre pour te permettre de répondre aux questions que les gens se posent. Au-delà de la pathologie dont tu étais atteint, je crois que ta stratégie peut inspirer beaucoup d'autres malades. C'est un exemple à comprendre, pas une leçon à suivre. Veux-tu ajouter quelque chose pour conclure ?

C.P. : En effet, j'ai témoigné sur ce que j'ai vécu. C'est un exemple, c'est tout. Un encouragement. Et même si je propose quelques clés, je n'ai pas de leçons à donner. Si les médecins m'ont encouragé à témoigner, c'est parce qu'ils pensent que cela peut inspirer quelques-uns de leurs malades. Sur mon site Internet, des gens m'ont dit s'être appuyés sur mon attitude face à la maladie. Leurs messages venaient d'horizons très divers, du Canada, d'Australie, des États-Unis et d'ailleurs. Ils ont cherché à appliquer ma stratégie. Et ils m'ont écrit que cela les avait énormément aidés. Ils sont sortis d'un certain conditionnement. D'autres partagent avec moi leur propre expérience, comme cette femme qui, lors d'une de mes conférences, est venue me voir pour me dire qu'un médecin avait prédit six mois à vivre à son mari, il y a dix ans déjà. Le mari était là devant moi, souriant et bien vivant, avec la rage de vivre. Je pense qu'il faut avoir l'humilité de reconnaître que la médecine ne sait pas tout et que beaucoup, dans la thérapie, repose sur l'attitude du malade.

Dans mon cas, je crois que c'est la manière avec laquelle j'ai abordé ce combat qui a sans doute participé à l'évolution positive de ma métamorphose. J'ai osé me faire confiance. J'ai choisi de privilégier ce qui était positif.

J'ai agi un peu comme un chercheur qui expérimente sur son propre corps. Je me suis projeté sur un futur imaginaire de guérison.

Mon seul objectif était de visualiser mon corps sans cesse en mouvement. Et ensuite, l'entraîner et le solliciter sans arrêt.

Et pour cela, organiser une stratégie de combattant : au quotidien, des objectifs modestes pour ne pas me lasser, ni me décourager. Ne pas tout vouloir tout de suite, rester raisonnable et stratège. Moi qui suis un impatient de nature, j'ai dû cultiver la patience, et la persévérance.

Mon objectif final pouvait paraître déraisonnable, mais j'avais décidé que c'était une question de temps, de lente progression. Je pensais en avoir la capacité.

Me battre représentait un effort quotidien, que j'étais capable de réaliser.

J'ai choisi de me battre…

J'ai choisi le combat solitaire, plutôt que l'assistanat passif. Et au final, j'ai choisi tout, plutôt que pas assez.

Gourmand de la vie, je suis devenu une éponge à bonheur.

Même avec une béquille…

« Il faut toujours viser la lune, car même en cas d'échec on atterrit dans les étoiles. »

Postface
de Marie de Hennezel

Maintenant que vous avez lu ce témoignage assez fascinant, laissez-moi vous raconter une histoire.

C'était en 1918. Un jeune homme âgé de 17 ans est frappé par la poliomyélite. Il entend le médecin annoncer à sa mère qu'il va mourir, sans doute avant le lever du jour. Choqué par ce qu'il vient d'entendre, il mobilise toutes ses ressources et réussit à survivre jusqu'au matin. Toutefois, il sombre ensuite dans un profond coma, trois jours et trois nuits durant, qui le laisse entièrement paralysé. Il profite alors de cette immobilité forcée pour aiguiser un sens de l'observation hors du commun. La légende raconte qu'un jour, alors qu'il était assis comme tous les jours dans un rocking-chair, face à la fenêtre, il fut pris d'une si forte envie de revoir les travaux de la ferme familiale que son fauteuil finit par se mettre à basculer ! Surpris et sans doute plein d'espoir, il se mit à travailler sur cet effet de l'imagination qui avait bel et bien réussi à faire bouger son corps paralysé. Milton Erickson venait de redécouvrir l'activation idéomotrice de l'hypnose de Bernheim[1]. Un an plus tard, il était debout ! Six mois après, il partait seul en randonnée, en canoë, afin de prouver à ses parents sa santé retrouvée. Ensuite, jeune médecin, Erickson, déçu par l'hypnose classique à laquelle il reprochait de ne pas s'adapter suffisamment au patient, met en place sa propre méthode, loin des inductions ritualisées et autoritaires de l'époque. Dans le milieu des années 1950, il prouve sa compétence éthique et scientifique devant le « conseil de l'ordre des médecins » de l'époque, qui trouvait étrange sa pratique et voulait le radier, et il sort victorieux de cette confrontation.

À l'âge de 50 ans, la poliomyélite le frappe à nouveau, ce qui est quand même aussi un phénomène peu courant et qui a participé à sa

1. Hippolyte Bernheim, *Le Docteur Liébeault et la doctrine de la suggestion*, 1907.

« légende »… car il s'en guérit à nouveau ! Erickson gardera toutefois les séquelles de cette deuxième crise jusqu'à la fin de sa vie.

Claude n'avait jamais entendu parler de cette histoire ni de l'hypnose. Mais ce qu'il a fait, instinctivement, ressemble étrangement à ce qu'a fait Erickson. En l'écoutant raconter son expérience, et notamment cette autosuggestion qu'il s'est répétée tous les jours : « En mars, je marche », je me suis dit qu'il avait pratiqué une forme d'autohypnose, et que ça a fonctionné. Il avait la volonté de le faire, la persévérance de continuer contre vents et marées. Qu'a-t-il fait ? Entre deux pronostics, l'un pétri de certitude et tout à fait rationnel : « Quand y a plus de jus, y a plus de jus », un pronostic fatal, violent et sans appel, et l'autre qui lui ouvrait une porte vers l'espoir, mais sans certitude : « Montrez-nous ce que vous êtes capable de faire », il a choisi le second. Celui qui lui ouvrait un espace de liberté et de créativité. Relever un défi, c'est toujours reprendre une part de liberté. Il lui fallait alors fermer la porte de la pensée rationnelle, qui ressasse et rumine, et ouvrir la porte de l'imaginaire, qui joue à percevoir son corps différemment. Se projeter résolument dans une guérison peu probable, s'imaginer guéri, percevoir de tout son être et avec tous ses sens l'homme debout, marchant, qu'il avait décidé de redevenir. Claude est devenu alors son propre guérisseur. Comme dans les thérapies chamaniques, il a consciencieusement organisé l'espace sacré et le rituel de sa guérison : tri des bonnes personnes, des bonnes paroles, effacement, oubli des paroles décourageantes, évacuation de son champ de conscience des visages sombres et angoissés. Exil volontaire, loin d'une famille devenue étouffante par trop de sollicitude. Cela n'a pas dû être facile, en milieu hospitalier, de créer cette atmosphère « magique » dont il avait besoin, d'imposer la bonne humeur autour de lui, vitale. De s'imposer tout court, comme maître d'œuvre de sa reconstruction. Cela lui a d'ailleurs été reproché plusieurs fois. Pour qui se prenait-il, en transformant ainsi le service qui l'accueillait ?

Que pouvons-nous tirer de ce témoignage ? D'abord l'importance de restituer au malade ce qui lui appartient, sa capacité de rester actif dans sa guérison. Et son corollaire, l'écoute et le respect de ce qu'il sent être bon pour lui-même. On comprend que le témoignage de Claude serve d'exemple dans toutes les formations du personnel soignant à ce qu'on appelle le « souci de l'autre ».

On se dit aussi, en écoutant Claude, qu'il faudrait sans doute approfondir les approches qui développent l'autosuggestion, comme l'hypnose humaniste ou la sophrologie. Tout le monde ne peut pas, comme Claude, se mettre en situation de choisir sa pensée, de visualiser sa guérison, de cultiver la bonne humeur, d'écarter toute pensée négative. Mais on peut y être aidé. Les thérapeutiques existent. Il faut savoir les utiliser.

Je ne suis pas là pour faire la promotion de telle ou telle approche, mais pour attirer l'attention du lecteur sur le fait que l'on peut être aidé à changer sa manière de penser, à se dé-conditionner lorsque, depuis l'enfance par exemple, on agit sous l'empire de diktats inconscients pessimistes et destructeurs. Les « Je n'y arriverai jamais », « Je suis un incapable », « De toute façon, tout va mal dans ma vie » peuvent être extirpés de la psyché et remplacés par des suggestions optimistes. La psychanalyse a beaucoup décrié la méthode Coué, à l'époque, mais le retour de toutes les thérapies comportementales et cognitives, et leur succès, montre qu'elle ne peut pas éviter aujourd'hui d'intégrer ces approches. On peut rééduquer sa manière de penser, travailler à la restauration revalorisante de sa propre image, prendre conscience de ses potentialités réelles, lutter contre des croyances anxiogènes sans réel fondement, chercher des moyens d'identifier et de corriger les pensées automatiques.

Mais cette restauration de l'image de soi ne peut se faire sans habiter son propre corps. Celui-ci est trop souvent vécu comme un objet, un mauvais objet lorsqu'il est malade et menace de lâcher son habitant. Retrouver les clés de son corps, comme Claude nous le montre, c'est apprendre à être avec son corps, à sentir, à percevoir avec tous ses sens.

En jouant quotidiennement avec le clavier de ses perceptions, Claude n'a-t-il pas réussi à stimuler la restauration de l'axone qu'on disait détruit ? Miracle, ou découverte intuitive du pouvoir de la pensée sur le corps ?

(*Suite des ouvrages de Marie de Hennezel*)

Propositions pour une vie digne jusqu'au bout
Le Seuil, 2004

Mourir les yeux ouverts
Albin Michel, 2005 ; Pocket, 2007

La Sagesse d'une psychologue
L'œil neuf, 2009

La chaleur du cœur empêche nos corps de rouiller
Robert Laffont, 2008 ; Pocket, 2010

Une vie pour se mettre au monde
en collaboration avec Bertrand Vergely
Carnets Nord, 2010 ; Pocket, 2012

Qu'allons-nous faire de vous ?
avec Édouard de Hennezel
Carnets Nord, 2011 ; Pocket, 2013

Loin des doctrines, à l'écoute de l'âme
Pocket, 2013

Nous voulons tous mourir dans la dignité
Robert Laffont-Versilio, 2013

www.laffont.fr
www.toslog.com/mariedehennezel
www.toslog.com

Composition et mise en pages
Nord Compo à Villeneuve-d'Ascq

Cet ouvrage a été achevé d'imprimer en février 2015
sur les presses de Normandie Roto Impression s.a.s.
61250 Lonrai
N° d'édition : 54515/02 – N° d'impression : 1500894
Dépôt légal : octobre 2014
Imprimé en France

Pour Marjorie

Avec toute mon amitié

Claude